Reclam
LESEBUCH

Lob der Vergänglichkeit

Gedichte, Geschichten, Gedanken

Herausgegeben von
Karl-Heinz Hartmann

Philipp Reclam jun. Stuttgart

Universal-Bibliothek Nr. 40018
Alle Rechte vorbehalten
© 1993 Philipp Reclam jun. GmbH & Co., Stuttgart
Umschlaggestaltung: Stefan Schmid, Stuttgart
unter Verwendung eines Gemäldes von Gustav Klimt:
Buchenwald I, um 1902
Gesamtherstellung: Reclam, Ditzingen: Printed in Germany 1993
RECLAM und UNIVERSAL-BIBLIOTHEK sind eingetragene Warenzeichen der
Philipp Reclam jun. GmbH & Co., Stuttgart
ISBN 3-15-040018-X

Inhalt

Vorwort

An einem kalten Wintertag des Jahres 1460 finden sich in einem Saal der Burg Andraz drei welterfahrene Männer – Kardinal Nikolaus von Cues, Abt Giovanni Andrea dei Bussi und Kanzler Bernhard von Kraiburg – am wärmenden Feuer des Kamins zu einem Gespräch zusammen. Der Kardinal ist bekannt als systematischer Denker und Entwickler philosophischer Systeme, und es ist ein philosophisches Gespräch, das seine Freunde mit einer Frage anknüpfen.

Die drei Männer im Winter vor den verglimmenden Holzscheiten – die Szene erscheint geradezu als Sinnbild des Nachdenkens über jene eine Wahrheit, die durch die Jahrhunderte Bestand gehabt hat: daß der einzelne Mensch dermaleinst nicht mehr sein wird und daß alles, was ihn hält und trägt, begleitet und umgibt, ohne Ausnahme vergeht und verschwindet.

Aber, führt der Kardinal aus, die Tatsache, daß das Geschöpf belebt ist, solange der Geist in ihm dauert, und dann zurückkehrt in seine Heimat, die Erde, sei nur ein Unterpunkt seiner Überlegungen. Diese handelten vielmehr vom »Seinkönnen«, also vom Urgrund allen Seins, durch den sich nebenher auch die Vergänglichkeit erkläre, anders gesagt: sie handelten von der ewigen Unendlichkeit.

Wie veranschaulicht der Kardinal seinen Freunden die Unendlichkeit? Am Beispiel eines Kinderkreisels. Darf man sich wundern? Die Welt – ein Kinderspielzeug, ein

Spielzeug Gottes? Leben und Tod, Werden und Verge-
hen – ein Spiel? Nikolaus von Cues zielt nicht auf ein
Bonmot. Der Kreisel dient ihm vielmehr als Bild der
Aufhebung der Gegensätze: Wird der Kreisel in die
schnellste denkbare Umdrehung versetzt, so befindet
sich ein auf der Kreiselperipherie mitrotierender Punkt A
praktisch immer auf gleicher Höhe mit einem festste-
henden Punkt B außerhalb des rotierenden Körpers,
da er ihn in nicht mehr unterscheidbaren Intervallen
ständig passiert. Höchste Bewegung und Ruhe fallen zu-
sammen. Ähnlich, so Nikolaus von Cues, fielen in der
Schöpferkraft Gottes alle Gegensätze in einem Zustand
zusammen, irdische Gegensätze hätten dort keine Gül-
tigkeit, auch nicht, darf gefolgert werden, Leben und
Tod.

Auch ohne den ausführlichen Erläuterungen des Kar-
dinals zu diesem Beispiel zu folgen, bleibt der reizvolle
Gedanke, über den sich – wenn auch vielleicht wehmütig
– schmunzeln läßt: die Welt als Kinderkreisel. Dies ist
Metapher, literarisches Bild, Dichtung.

Anlaß für Denken und Dichtung ist die Vergänglich-
keit der Welt und des Menschen in wohl allen Kulturen
seit ihren Anfängen gewesen. Mitunter scheint dabei Re-
signation angesichts eines unabwendbaren, gewaltsamen
Endes vorzuherrschen, wie etwa in den Versen des Sün-
dse:

> Wenn üppig prangt der Wald,
> So kommen Beil und Axt alsdann.

Hier spiegelt sich die chinesische Auffassung vom
›Großen Unbedingten‹, dem Tao, durch dessen Kraft
sich alles Werden in sein Gegenteil (Yin/Yang) verwan-
dele.

Trotzige Antwort auf Resignation und Todesfurcht klingt aus einer ägyptischen Grabinschrift, die zum carpe diem, zum Genuß des verbleibenden Lebens auffordert:

Laß dein Herz nicht müde sein,
folge deinem Wunsch und deinem Vergnügen
und schaffe dir dein Schicksal auf Erden
nach den Wünschen deines Herzens –
bis jener Tag der Trauer zu dir kommt.
Denn Osiris erhört ihr Schreien nicht,
und keinen Menschen ruft die Totenklage aus dem
Feiere den frohen Tag   [Grab zurück.
und ruhe nicht an ihm!
Denn siehe, niemand nimmt seine Güter mit sich,
und keiner kehrte zurück, der dorthin gegangen ist.

Aber wie repräsentativ sind diese diesseitsgerichteten Verse für die ägyptische Kultur, die der Ausstattung eines Toten für die jenseitige Welt eine solche Sorgfalt beimaß, wie sie sich in den Schätzen der Königsgräber ausdrückt? Jenseitsfurcht und Jenseitshoffnung berühren sich.

Im Hinduismus hebt sich das eine wie das andere im Gleichmut universalen Geschehens auf. Shiva, der all-erweckende und all-zerstörende Gott, treibt den materiellen Wandel innerhalb einer unzerstörbaren Natur voran, in der die Seele unvergänglich bleibt. In der Bhagavadgītā heißt es:

So wie die verkörperte Seele in diesem Körper fortgesetzt von Knabenzeit zu Jugend und Alter wandert, so geht die Seele beim Tod in ähnlicher Weise in einen anderen Körper ein. Die selbstverwirklichte Seele ist durch einen solchen Wechsel nicht verwirrt. (Kap. 2, V. 13.)

Und weiter:

> Einem, der geboren wurde, ist der Tod sicher, und einem, der gestorben ist, die Geburt gewiß. Deshalb solltest du bei der unvermeidlichen Erfüllung deiner Pflicht nicht klagen.   (Kap. 2, V. 27.)

Auch der griechisch-römischen Tradition, die dem mittelalterlichen Denken des Nikolaus von Cues vorausgeht, ist dieses Spektrum der Empfindungen und Haltungen zur Vergänglichkeit nicht fremd. Es wirkt weiter in künstlerischen und philosophischen Werken unseres kulturellen Umfelds bis heute.

Hinweg über die Jahrhunderte der abendländischen Entwicklungen sind uns die Fragmente der Vorsokratiker zur Natur- und Weltordnung erhalten. Sie bestimmten und untersuchten die Elemente, ihr Verhältnis zueinander sowie die Möglichkeit der Übergänge von einem zum anderen. Heraklits Zuspitzung der Vorstellung vom Übergang ist uns als »panta rhei« – »alles fließt« – überliefert. Wo ist in diesem alles stets verwandelnden Prozeß das Wesen des Menschen, die Seele einzuordnen? Platon überliefert von Sokrates die Lehre der unvergänglichen, alles formenden Ideen, zu deren Sphäre die Seele gehöre. Epikur sieht die Seele in den Zerfalls- und Reorganisationsvorgang einbezogen. Diese gedanklichen Positionen bleiben in der römischen Tradition erhalten. Boëthius vertritt neuplatonisch eine Kosmogonie der Übergänge vom höchsten Wesen, nämlich Gott, bis zur nicht verständnisbegabten Natur, die als ›Ausgießung‹ des höchsten Wesens eine natürliche und ewige Verwandtschaft mit diesem wahrt.

Dantes *Göttliche Komödie* bietet schließlich ein prominentes Beispiel der Verschmelzung von christlichem

Gedankengut und Neuplatonismus: Die Hauptperson wird durch die heilende Himmelsmacht der Liebe aus der Endlichkeit irdischen Glücks stufenweise in den Bereich der ewigen göttlichen Freude hinaufgeführt.

Für den nördlicheren Kulturraum ist es nicht zuletzt Nikolaus von Cues, der zeitgenössische religiöse Strömungen, Gedanken der italienischen Renaissance sowie Bemühungen um antike philosophische Quellen verbindet. Er ist damit Teil einer Entwicklung, die in Gestalt des Nominalismus letztlich die beobachtbare Welt zum Wahrheitsgrund erhebt und das reine theologische Dogma durchbricht: Ist die Welt Gottes Schöpfung, so muß Gottes System in allem ablesbar sein – hier beginnt die moderne Naturwissenschaft europäischer Prägung.

Der wohlgemute Blick in die Welt, den vor allem auch die Dichter der Renaissance in neuentdeckter Sinnenbegeisterung werfen, fällt aber bald auf die Janusköpfigkeit des Daseins. Die bezaubernd lächelnde ›Frau Welt‹ ist, sobald sie sich umdreht, eine Leichenmaske. Der große Widersacher Tod, gegen den der *Ackermann aus Böhmen* im Jahre 1401 aufbegehrt, zeigt seine ganze Macht durch Epidemien und verheerende Kriege. In immer neuen Wellen fühlen sich die Menschen bis ins 17. Jahrhundert von den apokalyptischen Reitern überrannt. Die strahlenden Jenseitsvisionen eines Dante haben längst dem bangen Gnadengebet Platz gemacht. Besonders im Barock – wie z. B. bei Hofmannswaldau – wird alles Irdische als Sinnbild der Vergänglichkeit und Eitelkeit gedeutet:

Was ist die Welt / und ihr berühmtes gläntzen?
Was ist die Welt und ihre gantze Pracht?
Ein schnöder Schein in kurtzgefasten Gräntzen /
Ein schneller Blitz bey schwartzgewölckter Nacht.

Ein bundtes Feld / da Kummerdisteln grünen;
Ein schön Spital / so voller Kranckheit steckt.
Ein Sclavenhauß / da alle Menschen dienen /
Ein faules Grab / so Alabaster deckt.
Das ist der Grund / darauff wir Menschen bauen /
Und was das Fleisch für einen Abgott hält.

Nicht nur in der Dichtung, auch in den bildenden
Künsten entfaltet sich eine reichhaltige Vergänglichkeits-
symbolik. Der Totenschädel, die Sanduhr als sichtbares
Zeichen verrinnender Zeit und Hinweis auf den Staub,
zu dem der Mensch wieder zu werden hat, tropfende
oder erloschene Kerzen, verblühende Blumen, zerknit-
terte Folianten, vergilbte Notenblätter, Musikinstru-
mente als Zeichen verwehter Klänge, aufgeplatzte über-
reife Früchte, Insekten, insbesondere Schmetterlinge als
Symbol der Zartheit und Kurzlebigkeit, und immer wie-
der unbekleidete Frauen mit Schmuck und Spiegel als In-
begriff aller eitlen Schönheit bilden das Repertoire der
Figurenbilder und Stilleben von Hals, Rembrandt, Ver-
meer, de Heem und anderer.

Denker der Aufklärung versuchen die Versöhnung
weltlichen Elends und göttlicher Hoffnung auf rationale
Weise. Leibniz verteidigt die so gar nicht makellose gött-
liche Schöpfung als die beste aller *möglichen Welten.* Sol-
che Feststellungen kontert Voltaire mit Ironie und läßt in
seinem *Candide* einen die Schöpfung lobenden Philoso-
phen in einer von Aberglauben und brutalen Exzessen
beherrschten Welt auf dem Scheiterhaufen enden. Der
welterfahrene Friedrich II. von Preußen, ein Freund die-
ser französischen Aufklärung, läßt hinter seinem Schloß
»Sanssouci« einen Ruinenberg als Mahnung an die Ver-
gänglichkeit errichten und schreibt 1765 an d'Alembert:

»Ach, mein lieber d'Alembert, lassen Sie uns bisweilen mit dem guten Salomo die vernünftigsten Worte, die ihm entwischt sind, wiederholen: O Eitelkeit der Eitelkeiten! Eitelkeit des Ruhmes! Der Mensch ist ein im Ozean der Ewigkeit schwimmendes Atom; der Augenblick seiner Geburt grenzt an den Augenblick seines Todes ...«

In der ›Weimarer Klassik‹ wird noch einmal ein universaler Ausgleich der Gegensätze versucht. Der Künstler wirkt nach Goethe mit »an der Gottheit lebendigem Kleid«, um dadurch das Unvergängliche im Vergänglichen gleichnishaft abzubilden. »Alles Vergängliche ist nur ein Gleichnis«, weiß der Chorus mysticus im 2. Teil des *Faust*. Aber auch Goethe, der persönlich die Konfrontation mit dem Sterben zu vermeiden suchte und etwa an den Begräbnissen seiner engsten Vertrauten nicht teilnahm, notiert am 6. Juni 1816 fern aller Jenseitsmystik in sein Tagebuch: »Nahes Ende meiner Frau. Letzter fürchterlicher Kampf ihrer Natur. Sie verschied gegen Mittag. Leere und Totenstille in und außer mir.«

In zeitlicher Nachbarschaft inszenieren die Romantiker die Vergänglichkeit als Teil einer Gegenwelt des bürgerlich geordneten Alltags. In alten Gemäuern, verwitterten Grabsteinen, malerischen Ruinen und einsamen Landschaften ahnen sie ehemalige Schönheit und ihre mögliche Wiederkunft. Dieses Aufsuchen verborgener Orte und Einsichten ruft Schauder und Melancholie hervor, kann aber auch wie hier bei Körner zu strahlender Zuversicht führen:

> Auf Gräbern liegt, als wollt' er ewig dauern,
> Ein tiefer Schnee, der Erde still verschwistert,
> Und finstrer Nebel, der die Nacht umdüstert,
> Umarmt die Welt mit kalten Todesschauern.

Es blickt der Silbermond in bleichem Zittern
Mit stiller Wehmut durch die öden Fenster.
Auch seiner Strahlen sanftes Licht verglüht.

Und leis und langsam zu des Kirchtors Gittern,
Still wie das Wandern nächtlicher Gespenster,
Ein Leichenzug mit Geisterschritten zieht.

Und plötzlich hör ich süße Harmonien,
Wie Gottes Wort, in Töne ausgegossen,
Und Licht, als wie dem Kruzifix entsprossen,
Und meines Sternes Schimmer seh ich glühen.

Da wird mir's klar in jenen Melodien:
Der Quell der Gnade ist in Tod geflossen,
Und jene sind der Seligkeit Genossen,
Die durch das Grab zum ew'gen Lichte ziehen.

An solches Gedankengut knüpft die Wende zum
20. Jahrhundert mit der Ästhetisierung und Mystifizie-
rung des Todes an. Aber dem Farb- und Formenrausch
der Verklärung tritt, z. B. in den Gedichten Georg
Trakls, ein härterer Ton entgegen, wo die Farben plötz-
lich schneiden wie tödliche Klingen – wieder hat eine
Generation einen verheerenden Krieg erlebt. Die Fort-
schritte der Naturwissenschaften, die den Menschen seit
der Renaissance aus manchem abergläubischen Dogma
befreiten, zeigen sich in tödlicher Perversion auf den
Schlachtfeldern des 1. Weltkrieges, die entfesselten Labo-
ratorien und Orten der Vivisektion ähneln. Das antike
»memento mori«, die mahnende Erinnerung »Mitten im
Leben sind wir vom Tode umfangen«, werden den Op-
fern zur unmittelbaren irdischen Erfahrung. Dies ist
noch nicht der letzte Schritt. Der nüchtern-ernüchterte
Blick des naturwissenschaftlich gebildeten Dichters se-

ziert letztlich auch »die Sterne als Kaldaunen«, wie es bei Gottfried Benn heißt. Und an welchen Gott richtet sich Ingeborg Bachmanns *Anrufung des Großen Bären* noch? Ist es überhaupt ein Gott, der als Antwort den Menschen nicht ohne höhnische Drohung ihre Nichtigkeit vorrechnet? Dann wieder – ach ja, wir vergaßen, einen weiteren verheerenden Krieg zu erwähnen – Thomas Manns *Lob der Vergänglichkeit*. Aber es ist kein Hohn diesmal, wenn es nach dem Hinweis auf dessen Winzigkeit und Vergänglichkeit weiter über das menschliche Leben heißt: »Wird es dadurch entwertet? Im Gegenteil, meine ich, gewinnt es dadurch ungeheuer an Wert und Seele und Reiz; *gewinnend* gerade und Sympathie erweckend wird es als Episode – und obendrein durch die *indefinibel* geheimnisvolle Bewandtnis, die es mit ihm hat.« So wäre auch in unserem Zeitalter, in dem manche befürchten, die Astrophysik ließe alle Hoffnung in Schwarzen Löchern verschwinden, noch Zuversicht möglich.

Wir sind exkursorisch durch die Zeit gestreift, ohne streng auf eine Systematik zu achten, und haben vielleicht mehr Lücken geöffnet als gefüllt. Ähnlich den Freunden des Nikolaus von Cues befinden wir uns mit diesem Lesebuch in einem Saal, in dem von den sogenannten ›letzten Dingen‹ die Rede ist. Es sind viele Stimmen, die zu uns sprechen, und sehr verschiedene dazu. Doch die letzte Seite bleibt unbedruckt. Stets im Vorletzten verhaftet, erwarten wir die letzte Stimme noch.

HOMER

So wie der Blätter Geschlecht, so ist auch jenes der
                    Menschen.
Blätter, da schüttet die einen der Wind zu Boden, und
                    andre
Treibt der sprießende Wald hervor zur Stunde des
                    Frühlings.
So der Menschen Geschlecht, dies sprießt und jenes
                    verwelket.

SEMONIDES

Mein Kind, der Ausgang aller Dinge steht bei Zeus
Dem Donnerrüttler, und der machts wie's ihm beliebt.
Blind ist der Sinn der Menschen, und vom Tag bestimmt
Wie's Vieh so leben wir dahin und wissen nichts
Davon, wie jedes wird zu Ende führen Gott.
Erwartung nährt sie alle, süße Zuversicht,
Wenn sie betreiben was nicht wird. Und dieser harrt
Auf morgen, der auf neuer Jahre Wende-Lauf.
Nicht einer von den Menschen allen, der nicht glaubt,
Daß übers Jahr ihm Glück und Reichtum freundlich
                    sind.

Doch holt den einen unerwünscht das Alter ein
Und packt ihn vor dem Ziele. Andre Sterbliche
Zehrt widerliche Krankheit auf. Die zwingt der Krieg
Zu Boden und ins Dunkel führt sie Hades fort.
Die wirbelt Sturmwind auf der weiten See dahin
Und Well um Welle purpurdunkler salzger Flut;
Sie sterben – um zu leben, luden sie die Fracht.
Der hat den Strick genommen jämmerlich in Not,
Aus freien Stücken scheidet er vom Sonnenlicht.
Nichts ist denn frei von Plagen; nein, zu tausenden
Lauern Dämonen, unvorhergesehne Not
Und Leiden auf die Menschen. Hörte man auf mich,
Wir suchten nicht das Schlimme selber, zehrten nicht
An bittren Schmerzen hangend uns das Herze ab,
. . . .

MIMNERMOS

Gleich den Blättern, die mächtig im blumigen Triebe des
        Lenzes
    Sprossen und fröhlich gedeihn,   wenn sie die Sonne
        bescheint,
Also erfreun auch wir uns der Jugendblüte für kurze,
    Flüchtige Zeit, und was Gott   Gutes und
        Schlimmes beschert,
Wissen wir nicht. Es stehn zwei düstere Schatten
        daneben:
    Der hat in seiner Gewalt   Greisentum, leidige Zeit,

Und der andre den Tod. So kurz nur dauert der Jugend
    Frucht, als die Sonne das Licht   über die Länder
            ergießt.
Aber nachdem einmal der Vollkraft Blüte vorüber,
    Dann ist besser, als noch   weiter zu leben, der Tod.
Denn viel Leid trifft unser Gemüt: dem schwindet des
            Wohlstands
    Fülle dahin, und es zieht   Elend ins darbende Haus,
Jenem sind Kinder versagt, er sehnt sich nach ihnen
            vergebens
    Lebenslang, und er sinkt   so zu den Schatten
            hinab.
Andere schwinden dahin in Siechtum. Keiner der
            Menschen
    Lebt, dem die Himmlischen nicht   Leiden in Fülle
            beschert.

PINDAR

Eintagswesen! Was ist einer, was ist einer nicht?
Eines Schattens Traum ist der Mensch.
Aber wenn gottgeschenkter Glanz kommt,
Ruht helles Licht und freundliches Dasein auf den
            Menschen.

Vorsokratiker zum Werden und Vergehen des Seins

Die Gedanken, die um die Fragen kreisen: »Was ist der Mensch?«, »Was ist die Welt?«, beginnen etwa ab dem 6. Jahrhundert vor Christus bei den sogenannten Vorsokratikern systematische Formen anzunehmen, wenn auch diese ersten schriftlichen Zeugnisse abendländischer Philosophie nur in Fragmenten erhalten sind.

Der Einblick in die Gedankengänge der Vorsokratiker wirkt wie der Blick in eine frühe Werkstatt der Philosophie: Das Material ist zwar erst grob geordnet, aber die gedankliche Genauigkeit und Konsequenz führt schnell zu den Grenzen des Denkbaren, die auch heute nicht unbedingt überschritten sind. Versuchen wir uns ein wenig auf den Spuren der Vorsokratiker, um die Unterscheidungen, die sie getroffen haben, besser nachvollziehen zu können – denn unterscheiden zu wollen, die Erscheinungen voneinander abzugrenzen, sie auf diese Art zu erfassen, sie und ihre Funktionen zu bestimmen, ist vordringliches Ziel dieser Philosophie, um erklären, klar machen zu können.

Eine »Ur-Frage«: Menschliches Leben entsteht. Bevor es wirklich wird (im Kind), ist es (d. h. das Leben des Kindes) bereits möglich (in den Eltern). Kann man die Existenz dieses Lebens, sein ›Sein‹, also eingrenzen auf den Bereich des ›Wirklichen‹? Oder sind Möglichkeit und Wirklichkeit zwar unterscheidbar, aber doch beide nur verschiedene Formen von Einem? Ist also das, was sich eingrenzen läßt, dennoch Teil eines unbegrenzten Etwas? Die Vorsokratiker (und viele Philosophen nach ihnen) forschen immer wieder und immer genauer dieser Frage nach und unterscheiden dabei häufig ›das Seiende, insofern es seiend ist‹, also das Wirkliche, sowie ›das Seiende, insofern es nicht-seiend ist‹, also das Mögliche.

Eine andere »Ur-Frage«: Woraus besteht das Leben? Die Welt scheint aus unterscheidbaren, ja gegensätzlichen Elementen zu bestehen: Das Wasser löscht das Feuer aus, es bleibt verbranntes Material, erdhafte Asche zurück; das Feu-

26

er kann das Wasser verdampfen, das also – so scheint es – zu Luft wird.

Feuer, Wasser, Erde und Luft gelten bei den meisten antiken Philosophen als die vier Elemente des Seins. Unterschiedliche ›Schulen‹ zeigen sich jedoch schon hier: Anaximander nimmt nur Feuer, Wasser und Luft als Elemente an, Anaxagoras hingegen eine unendliche Anzahl von Elementen. Die Elemente haben gegensätzliche Eigenschaften – und können doch, wie es scheint, ineinander übergehen. Ist der Mensch nicht das beste Beispiel? In seinen Knochen, die im Tod zu Staub zerfallen, besteht er aus Erde, aber er besteht auch aus Wasser. Er besitzt die Wärme, die dem Feuer eignet und hat mit seinem Atem teil an der Luft.

Anaximander, Heraklit und Anaxagoras, von deren Gedanken im folgenden Beispiele gegeben werden, entwickeln durch Unterscheidungen, Klassifizierungen und Verbindungen aus ähnlichen Grundüberlegungen unterschiedliche Modelle, wie ›all dies‹ funktionieren kann; Heraklit z. B. mit einer Theorie des ständigen Wandels und Übergangs.

»Wodurch aber wird all dies Funktionieren bewirkt?«, lautet eine weitere »Ur-Frage«. – Durch den Geist, antwortet Anaxagoras und führt damit neben den Elementen ein anderes Etwas, eine andere ›Wesenheit‹ ein. Aristoteles ordnet später – nach Sokrates – den Äther als umfassendere Sphäre den vier Elementen über und nennt ihn die fünfte Wesenheit, die Quinta Essentia. Besonders im europäischen Mittelalter bemüht man sich dann, die Quintessenz, der große Wirkkraft zugeschrieben wird, genauer zu bestimmen, was unter anderem auch in die Alchimie mündet.

Nun aber die Beispiele aus dem Denken von Vorsokratikern zum Sein, zum Werden und Vergehen.

Das »Apeiron« und die »Gegensätze«

Anaximander, des Praxiades Sohn, aus Milet. Dieser sagte, Ursprung [oder: Anfang] und Element sei das Unbeschränkte; er bestimmte es nicht als Luft oder Wasser oder etwas Ähnliches. Und die Teile verwandelten sich, das All jedoch sei unverwandelbar.

Diejenigen, welche den zugrunde liegenden Körper als eins der drei Elemente bestimmen bzw. als etwas, das dichter ist als Feuer und feiner als Luft, lassen alles andere entstehen, indem sie durch Verfestigung und Verdünnung differenzieren. ... Andere nehmen aber an, daß sich aus dem Einen [dem zugrunde liegenden Körper] die dort befindlichen Gegensätze ausscheiden, wie Anaximander sagt.

Gegensätze sind das Heiße, Kalte, Trockene, Feuchte usw.

Es gibt nämlich solche, welche das Unbeschränkte in dieser Weise [d. h. als etwas neben und außer den Elementen, woraus sie die Elemente entstehen lassen] und nicht als Luft oder Wasser bestimmen, damit nicht, wenn eines von ihnen unendlich sein sollte, die anderen zugrunde gehen. Die Elemente haben nämlich unter sich eine Beziehung der Gegnerschaft; die Luft z. B. ist kalt, das Wasser feucht, das Feuer heiß. Wenn einer von ihnen also unbeschränkt wäre, wären die übrigen schon lange zugrunde gegangen. Also sagen sie, das Unbeschränkte sei etwas anderes als die Elemente, woraus diese entstünden.

Feuer und Wasser sind Feinde, zwischen denen keine Verwandtschaft besteht, denn das Feuer ist warm und trocken, das Wasser kalt und feucht.

... die Erhabenheit eben des Unbeschränkten, denn es sei das Allumfassende und schließe alles in sich ein.

Als Prinzip der seienden Dinge bezeichnete er [Anaximander] eine bestimmte Natur, das Unbeschränkte, und aus dieser seien die Welten und die darin befindliche Ordnung entstanden. Sie sei ewig und nichtalternd und umfasse auch alle geordneten Welten. Er spricht von Zeit, weil das Entstehen und das Dasein und das Vergehen genau abgegrenzt worden sind. Er hat also das Unbeschränkte sowohl als Ursprung wie auch als Element der seienden Dinge angewiesen und als erster die Bezeichnung Ursprung [Prinzip] gebraucht. Er fügt dem hinzu, daß die Bewegung ewig sei und daß eben deshalb bei dieser Bewegung die Welten entstünden.

Er [Anaximander] sagte, aller Dinge Anfang sei eine gewisse Natur, und diese sei immerwährend und bereite alle Dinge zu und lenke sie. Und ich glaube, daß die einzelnen Naturen und ihr jeweiliges Entstehen und Vergehen die Zeiten sind, zu denen, wie man sieht und weiß, sie gelangen.

Anaximander aus Milet sagt, der Ursprung [oder: Anfang] der seienden Dinge sei das Unbegrenzte. Denn aus diesem entstehe alles und zu diesem vergehe alles. Weshalb auch unbeschränkt viele Welten produziert werden und wieder vergehen zu jenem, aus dem sie entstehen. Er gibt auch den Grund an, weshalb es unbegrenzt ist: damit das faktische Entstehen in keiner Hinsicht nachlasse.

29

Alle Dinge sind entweder Anfang bzw. Prinzip oder von einem Anfang Hergeleitetes. Das Unbeschränkte hat keinen Anfang, sonst wäre ihm eine Schranke gesetzt. Weil es ein Anfang ist, ist es auch nicht entstanden und unvergänglich. Denn jedes Entstandene muß notwendig ein Ende nehmen, wie jedes Vergehen einmal zum Abschluß kommen muß. Somit gibt es, wie eben schon gesagt, keinen Anfang des Anfangs, sondern scheint dieser vielmehr Anfang alles übrigen zu sein, alles zu umfassen und alles zu steuern, so wie jene behaupten, die neben dem Unbeschränkten keine weitere Ursachen, wie Vernunft [Anaxagoras] oder Liebe [Empedokles], ansetzen. Und dieses sei das Göttliche. Denn es sei unsterblich und unvergänglich, wie Anaximander und die Mehrheit der Naturphilosophen behaupten.

HERAKLIT

Die Gegensätze und ihre Einheit

Der Gott ist Tag-Nacht, Winter-Sommer, Krieg-Frieden, Sättigung-Hunger – alle Gegensätze, das ist die Bedeutung –; er wandelt sich, genau wie Feuer, wenn es sich mit Duftstoffen verbindet, nach dem angenehmen Eindruck eines jeden der Duftstoffe benannt wird.

Verbindungen: Ganzheiten und keine Ganzheiten, Zusammentretendes – Sichabsonderndes, Zusammenklingendes – Auseinanderklingendes; somit aus allem eins wie aus einem alles.

Das Widerstreitende zusammentretend und aus dem Sichabsondernden die schönste Harmonie.

Nichtoffenkundige Harmonie ist stärker als offenkundige.

Die gegebene schöne Ordnung [Kosmos] aller Dinge, dieselbe in allem, ist weder von einem der Götter noch von einem der Menschen geschaffen worden, sondern sie war immer, ist und wird sein: Feuer, ewig lebendig, nach Maßen entflammend und nach [denselben] Maßen erlöschend.

Alles ist austauschbar gegen Feuer und Feuer gegen alles, wie Waren gegen Gold und Gold gegen Waren.

Wendungen des Feuers: an erster Stelle Meer, vom Meere aber die eine Hälfte Erde, die andere Hälfte Gluthauch. [...] Meer ergießt sich nach zwei Seiten und wird zugemessen nach demselben Verhältnis, das galt, bevor Erde entstand.

Kaltes wird warm, Warmes kühlt sich ab, Feuchtes trocknet, Trockenes wird feucht.

Als Unsterbliche sind sie sterblich, als Sterbliche unsterblich: das Leben der Sterblichen ist der Unsterblichen Tod, der Tod der Unsterblichen der Sterblichen Leben.

Dasselbe ist: lebendig und tot und wach und schlafend und jung und alt. Denn dieses ist umschlagend in jenes und jenes umschlagend in dieses.

Für Seelen bedeutet es Tod, daß Wasser entsteht; für Wasser Tod, daß Erde entsteht; aus Erde entsteht Wasser, aus Wasser Seele.

Denen, die in dieselben Flüsse hineinsteigen, strömen immer neue Gewässer zu; so auch die Seelen; sie dünsten ja aus dem Feuchten hervor.

In dieselben Flüsse steigen wir und steigen wir nicht, wir sind und wir sind nicht.

Es ist unmöglich, zweimal in denselben Fluß hineinzusteigen, so Heraklit. [Der Fluß] zerstreut und bringt wieder zusammen [...] und geht heran und geht fort.

Der Seele Grenzen kannst du nicht entdecken gehn, auch wenn du jeden denkbaren Weg begehst: so unerschöpflich ist, was sie zu erklären hat.

ANAXAGORAS

Das werdende Sein und der Geist

Anaxagoras sagt, daß die Prinzipien unendlich viele sind. Denn fast alles aus Gleichteiligem Gebildete, sagt er, entstehe und vergehe bloß in einer bestimmten Weise – genau wie Wasser und Feuer, nämlich insofern es sich verbindet und wieder von etwas trennt, aber in anderer Weise entstehe es nicht und vergehe es auch nicht, sondern es habe ewigen Bestand.

Alles entsteht aus Seiendem, und zwar aus solchem, das der Möglichkeit nach seiend ist, der Wirklichkeit nach aber nichtseiend. Und dies ist auch der Sinn des Einen bei Anaxagoras. Statt »alles gleichmäßig zusammen« hieße es besser »es war alles gleichmäßig zusammen der Möglichkeit nach, in Wirklichkeit aber nicht«.

Daß Anaxagoras der Meinung ist, aus der einen Mischung würden der Zahl nach unendlich viele aus Gleichteiligem Gebildete ausgesondert – in jedem sei alles enthalten, und der Charakter des Einzelnen werde vom Überwiegenden bestimmt –, zeigt er im ersten Buch seiner »Physik«, wo er gleich am Anfang sagt:
»Gleichmäßig-zusammen waren die Sachen alle, unendlich sowohl der Zahl als auch der Kleinheit nach. Denn auch das Kleine war ohne Ende und während sie alle gleichmäßig-zusammen waren, war darin infolge dieser Kleinheit nichts klar erkennbar. Denn Luft-wie-auch-Äther, beide unendlich groß seiend, verdeckten alles. Denn in der Gesamtheit aller Sachen sind diese als die größten drin, sowohl zahlenmäßig als auch der Ausdehnung nach.«

Im ersten Buch der »Physik« bezeichnet Anaxagoras klar und deutlich das Entstehen und Vergehen als Aus-Gesondertem-Zusammentreten und Sichtrennen, indem er folgendes schreibt: »Die Griechen haben keine richtige Meinung vom Entstehen und Vergehen. Denn keine Sache entsteht oder vergeht, im Gegenteil: es tritt aus Seienden etwas in Mischung zusammen und trennt sich wieder. Deshalb sollten sie besser das Entstehen als ein Sichzusammenmischen und das Vergehen als ein Sichtrennen bezeichnen.« All dies, wie auch das »alle Sachen waren gleichmäßig-zusammen«, und daß [...] das Entstehen Sache des Aus-Gesondertem-Zusammentretens und Sichtrennens ist, wird als Grund für die Überzeugung betrachtet, daß nichts aus Nichtseiendem, dafür aber das Entstehende aus Seiendem entsteht.

Einer, der behauptete, es müsse, genau wie in den Lebewesen, so unbedingt auch in der Natur »Geist« enthalten sein, als Grund des Kosmos und der gesamten Ordnung, tat sich, im Vergleich mit seinen aufs Geratewohl redenden Vorgängern, als ein Nüchterner hervor. Sicher wissen wir, daß es Anaxagoras war, der sich um solche Theorien bemüht hat.

Er [Anaxagoras] sagt, während die unendliche Zeit hindurch alles gleichmäßig-zusammen und in Ruhe begriffen war, habe es der Geist mit einem Mal in Bewegung gesetzt und auseinandertreten lassen.

Anaxagoras sagt, [...] er [der Geist] verfüge über die absolute Gewalt, sei mit nichts vermischt und ordne die Dinge an, indem er durch sie alle hindurchgehe.

Anaxagoras hat recht, wenn er den Geist als dasjenige bezeichnet, das nicht in Mitleidenschaft gezogen werden kann und unvermischt ist, eben deshalb, weil er ihn als Prinzip der Bewegung ansetzt. Denn nur unter dieser Voraussetzung kann er als Unbewegter bewegen und als Unvermischter herrschen.

Und er sagt in aller Schärfe: »In jedem – ausgenommen im Geist – ist ein Anteil von jedem; es gibt aber auch Dinge, in denen Geist ist.« Und weiter: »Alles andere hat in Betreff eines Anteils teil an jedem, der Geist aber ist etwas, das unendlich und sichselbstbestimmend ist, und er ist mit nichts in Mischung verbunden.«

Aus
Apologie des Sokrates

Aus der Rede des Sokrates zu seinen Richtern, nachdem er wegen »Untergrabung der staatlichen Ordnung« und »Verführung der Jugend« zum Tode verurteilt worden ist:

Einer nicht sehr langen Zeit wegen, ihr Männer von Athen, werden euch diejenigen, die unserer Stadt gern etwas anhängen, nachsagen und vorwerfen, ihr hättet Sokrates umgebracht, einen weisen Mann – sie werden nämlich behaupten, daß ich weise sei, auch wenn ich es gar nicht bin, da sie euch herabsetzen wollen. Ihr hättet nur eine kurze Zeit zu warten brauchen, dann wäre euer Wunsch von selbst in Erfüllung gegangen. Ihr seht ja mein Alter: es ist weit fortgeschritten auf der Bahn des Lebens und dem Tode schon nahe. Ich sage das nicht zu euch allen, sondern nur zu denen, die mich zum Tode verurteilt haben.

Und zu denselben Leuten möchte ich auch noch folgendes sagen: ihr meint vielleicht, ihr Männer von Athen, ich sei aus Mangel an Worten erlegen, an Worten, mit denen ich euch überzeugt hätte, wenn ich geglaubt hätte, alles tun und sagen zu müssen, um nur der Bestrafung zu entrinnen. Keineswegs. Wegen eines Mangels bin ich allerdings erlegen, aber nicht an Worten, sondern an Dreistigkeit und Unverschämtheit und an Bereitschaft, euch zu sagen, was ihr am liebsten gehört hättet – indem ich gezetert und geklagt und vieles andere getan und gesagt hätte, was, wie ich glaube, meiner unwürdig ist, was ihr jedoch gewöhnlich von den anderen zu hören bekommt. Ich habe indes weder vorhin geglaubt, mich wegen der Schwierigkeit meiner Lage aufführen zu dürfen, wie es eines freien Mannes nicht würdig ist, noch bereue ich jetzt, mich so verteidigt zu haben; ich halte es vielmehr für weit besser, mit dieser Art von Verteidigung den Tod zu erwirken als mit jener das Leben. Denn weder vor Gericht noch im Kriege darf ich oder sonstwer sich dahin bringen lassen, daß er alles tut, um dem Tode zu entrinnen. In der Schlacht zeigt sich ja oft, daß jemand lebend davonkommt, wenn er die Waffen wegwirft und sich bittflehend an seine Verfolger wendet, und es gibt noch vielerlei andere Auswege, in jeder Art von Gefahr dem Tode zu entrinnen, wenn man vor keiner Tat und keinem Wort zurückschreckt. Doch nicht dies ist schwierig, ihr Männer, die Vermeidung des Todes, sondern noch weit mehr die der Schlechtigkeit; die kann nämlich schneller laufen als der Tod. Und jetzt hat mich, der ich langsam bin und alt, die langsamere Gefahr eingeholt, meine Ankläger hingegen, die ja kräftig und behende sind, die schnellere, die Schlechtigkeit. Und so gehen wir jetzt von dannen: ich von euch des Todes, sie aber von der Wahrheit der Niedertracht und Ungerechtigkeit für schuldig befunden. Und ich gebe mich mit diesem Urteil zufrieden, genau wie sie. Das hat wohl so kommen sollen, und ich glaube, daß es gut so ist.

. . .

Laßt uns auch auf folgende Weise bedenken, wie groß die Hoffnung ist, daß es sich um etwas Gutes handelt. Denn von zwei Dingen kann das Sterben nur eines sein; entweder nämlich ist es eine Art Nichtsein, so daß der Verstorbene auch keinerlei Empfindung mehr von irgend etwas hat, oder es findet, wie ja behauptet wird, eine Art Übergang und Übersiedelung der Seele statt: von dem Orte hier an einen anderen Ort. Und wenn nun keinerlei Empfindung mehr vorhanden ist, sondern eine Art Schlaf, worin der Schlummernde keinerlei Träume hat, dann wäre der Tod ein wunderbarer Gewinn. Denn ich möchte annehmen, wenn jemand die Nacht, in der er so gut schlafen konnte, daß er keinerlei Träume hatte, heraussuchen und wenn er dann die anderen Nächte und Tage seines Lebens mit dieser Nacht vergleichen und nach genauer Prüfung sagen sollte, an wie vielen Tagen und Nächten in seinem Leben er besser und angenehmer gelebt hat als in dieser Nacht – dann, möchte ich annehmen, wird nicht nur irgendein gewöhnlicher Bürger, sondern selbst der Großkönig finden, daß diese Tage und Nächte rasch gezählt sind im Vergleich zu den übrigen. Wenn nun der Tod so etwas ist, dann nenne ich ihn einen Gewinn; denn die ganze Folge der Zeit erscheint uns dann nicht länger als eine einzige Nacht.

Wenn jedoch der Tod eine Art Reise von hier an einen anderen Ort ist und wenn zutrifft, was erzählt wird, daß sich dort alle Verstorbenen befinden, gibt es dann wohl ein Gut, das größer wäre als dies, ihr Richter? Wenn man nämlich im Hades eintrifft und nunmehr, befreit von den Richtern, die sich hier so nennen, auf die wahren Richter trifft, die dort, wie es heißt, Recht sprechen, auf Minos und Rhadamanthys und Aiakos und Triptolemos und alle die anderen Halbgötter, die sich in ihrem Leben als gerecht erwiesen haben, wäre das etwa eine üble Reise? Oder um mit Orpheus zusammenzusein und mit Musaios und Hesiod und Homer: was würde wohl jemand von euch dafür geben? Ich jedenfalls bin bereit, oft zu sterben, wenn das wahr ist. Denn gerade für mich wäre der Aufenthalt dort wunderbar: wenn ich Palamedes träfe und Ajas den Telamonier und wer sonst noch aus der Vorzeit durch ein ungerechtes Urteil ums Leben kam, und wenn ich dann mein Schicksal mit ihrem vergliche – das wäre, glaube ich, ganz und gar nicht unangenehm. Schließlich die Hauptsache: ich könnte die Leute dort ständig prüfen und ausfragen – wie die hiesigen –, wer von ihnen weise ist und wer sich dafür hält, ohne es zu sein. Was würde wohl jemand dafür geben, ihr Richter, wenn er den Mann prüfen könnte, der das große Heer nach Troja geführt hat, oder Odysseus oder Sisyphos oder unzählige Männer und Frauen, die man sonst noch nennen könnte, bei denen es ein ungeheures Glück wäre, mit ihnen zu reden und zusammenzusein und sie zu prüfen? Gewiß aber bringen die Leute dort deswegen niemanden um. Sie sind ja auch sonst besser dran als die hiesigen und außerdem für alle weitere Zeit unsterblich, wenn zutrifft, was über sie berichtet wird.

. . .

Doch jetzt ist's Zeit fortzugehen: für mich, um zu sterben, für euch, um zu leben. Wer von uns dem besseren Los entgegengeht, ist uns allen unbekannt – das weiß nur Gott.

Brief an Menoikeus

Epikur wünscht dem Menoikeus Glück.

Weder soll, wer noch ein Jüngling ist, zögern zu philosophieren, noch soll, wer schon Greis geworden, ermatten im Philosophieren. Denn weder ist jemand zu unerwachsen noch bereits entwachsen im Blick auf das, was in der Seele gesunden läßt. Wer aber sagt, zum Philosophieren sei noch nicht das rechte Alter, oder, vorübergegangen sei das rechte Alter, ist dem ähnlich, der sagt, für das Glück sei das rechte Alter noch nicht da oder nicht mehr da. Philosophieren also muß der Jüngling wie der Greis, der eine, um alternd jugendfrisch zu bleiben an seinen Gütern aus Dankbarkeit für das Vergangene, der andere, um zugleich jung und altersweise zu sein aus mangelnder Furcht vor dem Künftigen. Zu beherzigen gilt es denn, was das Glück verschafft; denn ist es anwesend, haben wir alles, ist es abwesend, tun wir alles, damit wir es haben.

Wozu ich dich beständig mahnte, dies tu und übe ein, weil du darin die Elemente des vollkommenen Lebens klar erfaßt. Zuallererst: wenn du die Gottheit für ein unvergängliches und glückseliges Wesen hältst, wie die allgemeine Anschauung der Gottheit vorgeprägt wurde, dann hänge ihr nichts an, was ihrer Unvergänglichkeit fremd oder mit ihrer Glückseligkeit unvereinbar ist. Vermute dagegen alles über sie, was ihre mit Unvergänglichkeit verbundene Glückseligkeit unversehrt zu bewahren vermag. Denn Götter gibt es tatsächlich: unmittelbar einleuchtend ist deren Erkenntnis. Wofür sie jedoch die

Masse hält, so geartet sind sie nicht. Denn sie bewahrt dabei gerade das nicht unversehrt, wofür sie sie eigentlich hält. Ehrfurchtslos aber ist nicht der, der die Götter der Masse abschafft, sondern der, der die Vermutungen der Masse den Göttern anhängt. Denn nicht unmittelbare Vor-Begriffe, sondern trügerische Vorstellungen bilden die Urteile der Masse über die Götter. Daher kommt es, daß der größte Schaden von seiten der Götter ebenso durch die schlechten Menschen herbeigeführt wird wie der größte Nutzen durch die guten. Denn indem die Menschen sie ihren eigenen Vorzügen ganz und gar angleichen, entdecken sie nur ihnen ähnliche Wesen wieder, weil sie alles, was nicht gleichartig ist, für fremd halten.

Gewöhne dich ferner daran zu glauben, der Tod sei nichts, was uns betrifft. Denn alles Gute und Schlimme ist nur in der Empfindung gegeben; der Tod aber ist die Vernichtung der Empfindung. Daher macht die richtige Erkenntnis – der Tod sei nichts, was uns betrifft – die Sterblichkeit des Lebens erst genußfähig, weil sie nicht eine unendliche Zeit hinzufügt, sondern die Sehnsucht nach der Unsterblichkeit von uns nimmt. Denn es gibt nichts Schreckliches im Leben für den, der im vollen Sinne erfaßt hat, daß nichts Schreckliches im Nicht-Leben liegt. Darum schwätzt der, der sagt, er fürchte den Tod nicht, weil er ihn bedrücken wird, wenn er da ist, sondern weil er ihn jetzt bedrückt, wenn er noch aussteht. Denn was uns, wenn es da ist, nicht bedrängt, kann uns, wenn es erwartet wird, nur sinnlos bedrücken. Das Schauererregendste aller Übel, der Tod, betrifft uns überhaupt nicht; wenn »wir« sind, ist der Tod nicht da; wenn der Tod da ist, sind »wir« nicht. Er betrifft also weder die Lebenden noch die Gestorbenen, da er ja für die einen nicht da ist, die andern aber nicht mehr für ihn da sind. Doch die Masse flieht bisweilen den Tod als das größte aller Übel, bisweilen ersehnt sie ihn als Erholung von allen Übeln im Leben. Der Weise indes weist weder das Leben zurück, noch fürchtet er das Nicht-Leben; denn weder ist ihm das Leben zuwider, noch vermutet er, das Nicht-Leben sei ein Übel. Wie er als Speise nicht in jedem Fall die größere, sondern die am meisten lustspendende vorzieht, so schöpft er auch nicht eine möglichst lange, sondern eine möglichst lustspendende Zeit aus. Wer nun mahnt, der Jüngling solle vollendet leben, der Greis vollendet scheiden, der ist naiv, nicht nur wegen der Annehmlichkeit des Lebens, sondern auch, weil das Einüben des vollkommenen Lebens und des vollkommenen Sterbens ein und dasselbe ist. Noch weit minderwertiger ist der, der sagt, es sei gut, nicht geboren zu sein,

»einmal geboren, dann schleunigst des Hades Tor zu durchmessen«.

Denn wenn er darauf vertraut und es deshalb behauptet: warum scheidet er dann nicht aus dem Leben? Das steht ihm ja frei, wenn es doch von ihm unumstößlich geplant war. Wenn er aber bloß spottet, so ist er ein Schwätzer unter jenen, die dies nicht zugeben.

Wir müssen uns ferner daran erinnern, daß das Künftige weder ganz und gar in unserer Macht liegt noch ganz und gar nicht in unserer Macht: wir wollen weder erwarten, daß das Künftige ganz und gar so kommen wird, noch davor verzweifeln, daß es ganz und gar nicht so kommen wird.

Wir müssen ferner berücksichtigen, daß die Begierden zum einen anlagebedingt, zum andern ziellos sind. Und zwar sind von den anlagebedingten die einen notwendig,

41

die andern nur anlagebedingt; von den notwendigen wiederum sind die einen zum Glück notwendig, die andern zur Störungsfreiheit des Körpers, die dritten zum bloßen Leben. Denn eine unbeirrte Beobachtung dieser Zusammenhänge weiß ein jedes Wählen und Meiden zurückzuführen auf die Gesundheit des Körpers und die Unerschütterlichkeit der Seele: denn dies ist das Ziel des glückseligen Lebens. Um dessentwillen tun wir ja alles, damit wir weder Schmerz noch Unruhe empfinden. Sooft dies einmal an uns geschieht, legt sich der ganze Sturm der Seele, weil das Lebewesen nicht imstande ist, weiterzugehen wie auf der Suche nach etwas, was ihm mangelt, und etwas anderes zu erstreben, wodurch sich das Wohlbefinden der Seele und des Körpers erfüllen würde.

EPIKTET

Eins macht dem andern Platz

Diese Welt ist ein einziger Staat und eine einzige Substanz ist es, aus der sie geschaffen ist. Sie hat ihren notwendigen Kreislauf, und eins macht dem andern Platz: Das eine löst sich auf, das andere entsteht; das eine bleibt an seiner Stelle, das andere bewegt sich. Alles aber ist voll von befreundeten Wesen, erstens von Göttern, zweitens aber auch von Menschen, die von Natur aneinander gewöhnt sind; und die einen müssen nun beieinander sein, die andern scheiden. So soll man sich denn freuen über die, mit denen man zusammenlebt, und um die, die scheiden müssen, sich nicht grämen.

*

»Es ist Zeit zu sterben« – »Was sagst du, sterben« – »Nimm die Sache nicht tragisch, sondern drücke dich aus, wie es sich verhält: Es ist Zeit, daß die Materie in die Bestandteile, aus denen sie sich zusammensetzte, sich wieder zersetze. Was ist daran Schreckliches? Was kann denn in der Welt vergehen, was neu und wider Erwarten entstehen?«

*

Sage, auch das Ernten der Ähren habe einen üblen Klang: Denn für die Ähren bedeutet es den Untergang, aber nicht für die Weltordnung. Sage, es habe einen üblen Klang, daß die Blätter fallen und daß man Feigen und Trauben trocknet. All das ist nur ein Übergang aus einem früheren in einen anderen Zustand, kein Untergang, sondern eine feststehende Einrichtung und Ordnung. Das ist nun eine Art Reise, ein kleiner Übergang, und so ist der Tod ein größerer Übergang aus dem, was jetzt ist, nicht in das Nichtseiende, sondern in das jetzt nicht Seiende – so werde ich also nicht mehr sein? – doch; aber als etwas anderes, dessen die Weltordnung nun bedarf. Denn du wurdest auch nicht geboren, als du es wolltest, sondern als es für die Weltordnung Bedürfnis war.

Alles Irdische ist eitel

Dies sind die Reden des Predigers, des Sohnes Davids, des Königs zu Jerusalem.

Es ist alles ganz eitel, sprach der Prediger, es ist alles ganz eitel. Was hat der Mensch für Gewinn von all seiner Mühe, die er hat unter der Sonne? Ein Geschlecht vergeht, das andere kommt; die Erde aber bleibt immer bestehen. Die Sonne geht auf und geht unter und läuft an ihren Ort, daß sie dort wieder aufgehe. Der Wind geht nach Süden und dreht sich nach Norden und wieder herum an den Ort, wo er anfing. Alle Wasser laufen ins Meer, doch wird das Meer nicht voller; an den Ort, dahin sie fließen, fließen sie immer wieder. Alles Reden ist so voll Mühe, daß niemand damit zu Ende kommt. Das Auge sieht sich niemals satt, und das Ohr hört sich niemals satt. Was geschehen ist, eben das wird hernach sein. Was man getan hat, eben das tut man hernach wieder, und es geschieht nichts Neues unter der Sonne. Geschieht etwas, von dem man sagen könnte: »Sieh, das ist neu«? Es ist längst vorher auch geschehen in den Zeiten, die vor uns gewesen sind. Man gedenkt derer nicht, die früher gewesen sind, und derer, die hernach kommen; man wird auch ihrer nicht gedenken bei denen, die noch später sein werden.

Ich, der Prediger, war König über Israel zu Jerusalem und richtete mein Herz darauf, die Weisheit zu suchen und zu erforschen bei allem, was man unter dem Himmel tut. Solch unselige Mühe hat Gott den Menschenkindern gegeben, daß sie sich damit quälen sollen. Ich sah an alles Tun, das unter der Sonne geschieht, und siehe, es war alles eitel und Haschen nach Wind. Krumm kann nicht gerade werden, noch, was fehlt, gezählt werden. Ich sprach in meinem Herzen: Siehe, ich bin herrlich geworden und habe mehr Weisheit als alle, die vor mir gewesen sind zu Jerusalem, und mein Herz hat viel gelernt und erfahren. Und ich richtete mein Herz darauf, daß ich lernte Weisheit und erkennte Tollheit und Torheit. Ich ward aber gewahr, daß auch dies ein Haschen nach Wind ist. Denn wo viel Weisheit ist, da ist viel Grämen, und wer viel lernt, der muß viel leiden.

Ein jegliches hat seine Zeit, und alles Vorhaben unter dem Himmel hat seine Stunde: geboren werden hat seine Zeit, sterben hat seine Zeit; pflanzen hat seine Zeit, ausreißen, was gepflanzt ist, hat seine Zeit; töten hat seine Zeit, heilen hat seine Zeit; abbrechen hat seine Zeit, bauen hat seine Zeit; weinen hat seine Zeit, lachen hat seine Zeit; klagen hat seine Zeit, tanzen hat seine Zeit; Steine wegwerfen hat seine Zeit, Steine sammeln hat seine Zeit; herzen hat seine Zeit, aufhören zu herzen hat seine Zeit; suchen hat seine Zeit, verlieren hat seine Zeit; behalten hat seine Zeit, wegwerfen hat seine Zeit; zerreißen hat seine Zeit, zunähen hat seine Zeit; schweigen hat seine Zeit, reden hat seine Zeit; lieben hat seine Zeit, hassen hat seine Zeit; Streit hat seine Zeit, Friede hat seine Zeit.

Man mühe sich ab, wie man will, so hat man keinen Gewinn davon.

Ich sah die Arbeit, die Gott den Menschen gegeben hat, daß sie sich damit plagen. Er hat alles schön gemacht zu seiner Zeit, auch hat er die Ewigkeit in ihr Herz gelegt; nur daß der Mensch nicht ergründen kann das Werk, das Gott tut, weder Anfang noch Ende.

Da merkte ich, daß es nichts Besseres dabei gibt als fröhlich sein und sich gütlich tun in seinem Leben. Denn ein Mensch, der da ißt und trinkt und hat guten Mut bei all seinem Mühen, das ist eine Gabe Gottes.

Ich merkte, daß alles, was Gott tut, das besteht für ewig; man kann nichts dazutun noch wegtun. Das alles tut Gott, daß man sich vor ihm fürchten soll. Was geschieht, das ist schon längst gewesen, und was sein wird, ist auch schon längst gewesen; und Gott holt wieder hervor, was vergangen ist.

Weiter sah ich unter der Sonne: An der Stätte des Rechts war Gottlosigkeit, und an der Stätte der Gerechtigkeit war Frevel. Da sprach ich in meinem Herzen: Gott wird richten den Gerechten und den Gottlosen; denn alles Vorhaben und alles Tun hat seine Zeit. Ich sprach in meinem Herzen: Es geschieht wegen der Menschenkinder, damit Gott sie prüfe und sie sehen, daß sie selber sind wie das Vieh. Denn es geht dem Menschen wie dem Vieh: wie dies stirbt, so stirbt auch er, und sie haben alle *einen* Odem, und der Mensch hat nichts voraus vor dem Vieh; denn es ist alles eitel. Es fährt alles an *einen* Ort. Es ist alles aus Staub geworden und wird wieder zu Staub.

Wer weiß, ob der Odem der Menschen aufwärts fahre und der Odem des Viehes hinab unter die Erde fahre? So sah ich denn, daß nichts Besseres ist, als daß ein Mensch fröhlich sei in seiner Arbeit; denn das ist sein Teil. Denn wer will ihn dahin bringen, daß er sehe, was nach ihm geschehen wird?

Versäume keinen fröhlichen Tag

Versäume keinen fröhlichen Tag, und laß dir die Freuden
nicht entgehen, die dir beschieden sind. Denn du mußt
doch alles, was du sauer erworben hast, andern lassen
und den Ertrag deiner Arbeit den Erben geben.

Schenke und laß dich beschenken, und gönne dir, was
dir zusteht; denn wenn du tot bist, so hast du nichts
mehr davon.

Alles Lebendige veraltet wie ein Kleid, denn es ist das
uralte Gesetz: Du mußt sterben!

Wie mit den grünen Blättern auf einem schönen Baum
– die einen fallen ab, die andern wachsen wieder –, so
geht's mit dem Menschengeschlecht auch: die einen ster-
ben, die andern werden geboren.

Alles vergängliche Werk muß ein Ende nehmen: und
die es bewirken, fahren auch mit dahin.

SENECA

Über den Kreislauf der Dinge

Alles Menschliche ist im Flusse und gleitet dahin, und
was uns im Leben am besten gefällt, das ist gerade das
Flüchtigste und Zarteste.

*

Doch später werde ich Dir genauer darlegen, daß alles, was zu vergehen scheint, nur verwandelt wird. Wer weiß, daß er wiederkehren wird, mag ruhig gehen. Betrachte den Kreislauf der Dinge, die immer wiederkehren, und Du wirst erkennen, daß nichts in dieser Welt restlos vergeht, sondern daß alles im Wechsel schwindet und wieder wächst.

*

Der Tod bedeutet Nichtsein. Was dies ist, weiß ich schon. Dies wird der Zustand nach meiner Existenz sein, wie er schon vor meiner Existenz war. Wenn darin etwas Schlimmes liegt, so muß es auch darin gelegen haben, ehe wir das Licht dieser Welt erblickten. Doch wir haben damals keinen Schmerz gefühlt. Wäre es wohl nicht töricht, glauben zu wollen, es sei schlimmer für die Lampe, wenn sie erloschen ist, als bevor sie angezündet wird. Auch wir werden angezündet und erlöschen wieder; in der Zwischenzeit empfinden wir Schmerz; vorher und nachher aber ist tiefe Ruhe.

*

Das Leben ist nun mal keine zärtliche Angelegenheit ... Auf den Gegensätzen beruht der ewige Bestand der Dinge. Diesem Gesetz müssen wir uns innerlich fügen. Diesem Gesetz muß man folgen, muß man gehorchen. Man sei überzeugt, daß alles, was geschieht, so habe geschehen müssen, und wünsche nicht, die Natur zu meistern. Es ist das Beste, hinzunehmen, was man nicht bessern kann, und Gott, auf dessen Geheiß alles geschieht, ohne Murren zu folgen ... Den, der willig mitgeht, führt das Schicksal; wer widerwillig mitgeht, den schleift es mit Gewalt (Kleanthes).

MARC AUREL

Über die Notwendigkeit der Wandlungen

Der Tod ist, ebenso wie die Geburt, ein Geheimnis der Natur, hier Verbindung, dort Auflösung derselben Grundstoffe.

*

Betrachte unaufhörlich, wie alles Werdende kraft einer Umwandlung entsteht, und gewöhne dich so an den Gedanken, daß die Allnatur nichts so sehr liebt, wie das Vorhandene umzuwandeln, um daraus Neues von ähnlicher Art zu schaffen; denn alles Vorhandene ist gewissermaßen der Same dessen, was aus ihm werden soll. Du aber stellst dir nur *das* als Samen vor, was in die Erde oder in den Mutterschoß fällt. Das ist ganz oberflächlich gedacht.

*

Schau auf das Unermeßliche der Zeit hinter dir und auf eine andre Unendlichkeit vor dir! Was ist denn da noch für ein Unterschied zwischen einem, der drei Tage, und einem anderen, der drei Menschenalter gelebt hat?

*

Mancher fürchtet sich vor der Verwandlung. Was kann denn ohne Verwandlung werden? Was ist demnach der Allnatur lieber oder angemessener? Kannst du selbst auch nur ein Bad gebrauchen, ohne daß das Holz sich verändere, oder Nahrung genießen, ohne daß die Speisen

49

sich verwandeln? Oder kann sonst etwas Nützliches oh-
ne Verwandlung zur Vollkommenheit gebracht werden?
Siehst du es also nicht ein, daß es mit deiner eigenen Ver-
wandlung die gleiche Bewandtnis habe und daß sie für
die Allnatur gleichfalls notwendig sei?

BOETHIUS

Aus
Trost der Philosophie

Der Philosoph und Staatsmann Boethius verfaßt sein be-
rühmtes Werk »Der Trost der Philosophie« als Gefangener,
nachdem er bei seinem Kaiser in Ungnade gefallen ist und al-
ler Ämter enthoben wurde.
Im Kerker, so schildert er, verzweifelte er zunächst fast an
seinem Schicksal – in trauriger Erinnerung an vergangenes
Glück –, bis er überraschenden Besuch erhält ...

Der ich einst heitere Lieder in frischem Eifer vollendet,
    bin zum Beginne, ach, trauriger Weise gedrängt.
Siehe, zerrissene Musen befehlen mir, was ich schreibe,
    und mit Tränen benetzt mir das Gesicht Elegie!
Diese wenigstens konnten Gefahr nicht und Schrecken
            besiegen,
    daß sie nicht doch als Geleit folgten auf unserem Weg.
Die einst der ruhmvolle Stolz beglückter und prangender
            Jugend,
    trübe trösten sie jetzt meines, des Greises Geschick.

Denn durchs Unglück gar rasch kam unerwartet das
Welken,
und es befahl mich der Schmerz eigenem Alter zur
Rast.
Allzu frühe ergießt sich gebleichtes Haar um den
Scheitel,
zitternd erschlafft die Haut, matt, da der Körper
erschöpft.
Glücklich der Tod, der nicht in den süßen Jahren der
Jugend
einschleicht oder der Qual, vielmals gerufen,
erscheint!
Ach, wie fühllosen Ohres wendet er sich von dem Elend,
weinende Augen versagt hart er zu schließen zur Ruh.
Als das treulose Glück den eitelen Gütern noch hold
war,
tauchte die dunkele Stund' fast ins Vergessen mein
Haupt.
Aber weil es umwölkt den wendischen Blick wieder
kehrte,
längt das Leben die Frist frevlerisch mir ohne Dank.
Warum habt ihr so oft mich glücklich gepriesen, ihr
Freunde?
Nicht ist einem, der fiel, sicher gewesen sein Schritt!

Während ich dies bei mir schweigend bedachte und die
tränenreiche Klage durch des Griffels Arbeit aufzeichne-
te, da zeigte sich, daß mir zu Häupten eine Frau getreten
war von sehr ehrwürdigem Aussehen, mit feurigen und
über die gemeine Kraft der Menschen hinaus durchdrin-
genden Augen, von lebhafter Farbe und unerschöpf-
licher Frische, mochte sie auch so hoch in Jahren sein,
daß man sie keineswegs für eine Zeitgenossin gehalten

hätte –, von einer Größe, die man nicht klar erkennen konnte. Denn bald hielt sie sich in dem gewöhnlichen Maße der Menschen, bald aber schien sie mit dem Gipfel ihres Scheitels an den Himmel zu rühren. Wenn sie aber ihr Haupt höher erhoben hätte, wäre sie selbst in den Himmel eingedrungen und hätte des Blickes der nachschauenden Menschen gespottet. Ihr Gewand war aus ganz dünnen Fäden, in feiner Arbeit und aus unzerstörbarem Stoff vollendet hergestellt. Sie hatte es, wie ich später – sie verriet es selbst – erfuhr, mit ihren eigenen Händen gewebt. Sein Äußeres hatte, wie gewöhnlich rauchgedunkelte Bilder, der Schatten vernachlässigten Alters überzogen. Auf seinem unteren Rand konnte man ein griechisches Π, auf dem oberen ein Θ[1] eingewebt lesen. Und zu beiden Buchstaben hin schienen nach Art von Treppen Stufen eingewebt zu sein, so daß auf ihnen vom untern Buchstaben zum oberen ein Aufstieg vorhanden war. Dies Gewand aber hatten Hände brutaler Menschen zerrissen, und jeder hatte die Teile weggeschleppt, die er vermochte. Und ihre rechte Hand hielt Bücher, die linke ein Szepter. Als sie nun die Musen der Dichtkunst an meinem Lager stehen und meinen Tränen Worte eingeben sah, sagte sie ein wenig erregt und finster mit den Augen blitzend: Wer hat diese Bühnendirnen zu diesem Kranken gelassen, daß sie seine Schmerzen nicht nur durch Heilmittel nicht lindern, sondern mit süßem Gift noch nähren? Sind sie es doch, die durch das unfruchtbare Gestrüpp der Leidenschaften die früchterei-

---

1 Griechisches Π und Θ sind die Anfangsbuchstaben der πρακτική und der θεωρητικὴ φιλοσοφία. Von der praktischen zur theoretischen ist ein Aufstieg möglich. Es gehört zu den Hauptanliegen der Philosophie des Boethius, die Verbindung von Leben und Geist zu erforschen, und hier wird vordeutend eines seiner Resultate vorweggenommen.

chen Saaten der Vernunft ertöten und den Geist der Menschen an die Krankheit gewöhnen, nicht von ihr befreien. Indes, wenn euer Schmeicheln, wie gewöhnlich, einen aus der uneingeweihten Masse verlockte, so brauchte man sich, glaube ich, weniger zu grämen. Denn bei ihm würden meine Mühen nicht verletzt. Aber diesen Mann, der in der Beschäftigung mit den Eleaten und der Akademie aufwuchs?! – Geht lieber davon, ihr Sirenen, süß bis zum Untergang, und laßt ihn meinen Musen zur Behandlung und Heilung!

Mit solchen Worten gescholten, senkte die Schar den Blick traurig zu Boden und schritt betrübt über die Schwelle. Durch Erröten gestand sie ihre Beschämung. Aber ich, dessen Auge in Tränen getaucht und beschattet war und der deshalb nicht unterscheiden konnte, wer denn diese Frau von solcher Macht des Befehls war, erstaunte, heftete den Blick auf die Erde und begann schweigend darauf zu warten, was sie denn nun tun würde. Da kam sie näher heran und setzte sich an den Rand meines Lagers. Sie betrachtete mein Antlitz, wie es von Trauer schwer und in Trübsal zu Boden gesenkt war ...
Und da sie mich nicht nur schweigend, sondern vollkommen sprachlos und stumm sah, führte sie leicht ihre Hand an meine Brust und sagte: Es besteht keine Gefahr: er leidet an Lethargie, der gewöhnlichen Krankheit eines genarrten Geistes. Er hat sich selbst ein wenig vergessen; er wird sich leicht erinnern, dann wenigstens, wenn er mich zuvor erkannt hat. Damit er dazu imstande ist, wollen wir ein wenig seine Augen abwischen, die von einer Wolke sterblicher Dinge beschattet sind. Dies sagte sie und trocknete meine Augen, die vom Weinen schwammen, wobei sie ihr Kleid zu einem Bausch zusammenzog.

Da entließ mich des Schattens Gewalt, und die Nacht
　　　　　war zerschlagen;
wiederkehrte die Kraft meinem Augenlicht,
wie, wenn beim Corus, dem jähen Nordwest, die
　　　　　Wolken sich ballen
und sich der Himmel umhüllet mit Regengrau,
wenn die Sonne sich birgt, ob kein Stern noch zum
　　　　　Himmel gezogen,
Nacht doch von oben verströmt auf die Erde hin:
wie dann Phöbus hervorbricht, erzitternd in plötzlichem
　　　　　Lichte,
staunende Augen trifft mit dem Sonnenstrahl,
falls der Nordwind das Dunkel, aus thrakischer Höhle
　　　　　entlassen,
peitscht, den verschlossenen Tag wieder öffnet.

Nicht anders nahm ich den Himmelsglanz in mich auf,
als die Nebel der Traurigkeit sich zerstreuten, und erhielt
den Geist zurück, um das Antlitz der Heilenden zu er-
kennen. Kaum hatte ich deshalb meine Augen auf sie ge-
lenkt und den Blick auf sie geheftet, erblicke ich meine
Amme, in deren Hause ich von Jugend an verkehrt hatte:
die Philosophie. Und sage: Warum bist du in diese Ein-
samkeit meiner Verbannung gekommen, du Herrin aller
Tugenden, herab vom hohen Himmelspol? ...
　　Als ich dich traurig und Tränen vergießen sah, habe
ich in dir gleich den Unglücklichen und Verbannten er-
kannt. Aber wie weit diese Verbannung ist, wüßte ich
nicht, wenn es deine Rede nicht verraten hätte. Indes
nicht vertrieben wurdest du so weit aus der Heimat, son-
dern hast dich aus ihr verirrt. Und wenn du lieber für ei-
nen Vertriebenen gelten willst, so hast du dich eher selbst
vertrieben. ...

Willst du es also zunächst dulden, daß ich mit wenigen Fragen an den Zustand deines Geistes rühre und ihn prüfe, daß ich erkenne, welcher Art deine Behandlung ist?

Frage du, sage ich, nach deinem Gutdünken, was du willst. Ich werde antworten.

Da sagte sie: Bist du der Meinung, daß dieser Weltbau durch planlose und willkürliche Zufälle getrieben wird, oder glaubst du, daß ihm irgendeine vernünftige Leitung innewohnt?

Auf keinen Fall, sprach ich, möchte ich glauben, daß so Bestimmtes sich in zufälliger Planlosigkeit bewegt, sondern ich weiß, daß seinen Werken der Schöpfer vorsteht, Gott, und niemals wird wohl der Tag kommen, der mich von der Wahrheit dieses Satzes abbringt.

So ist es, sagte sie, denn dies hast du ja auch eben im Liede gesungen und nur bedauert, daß die Menschen an der göttlichen Fürsorge keinen Teil haben. Denn was das übrige anlangt, so wurdest du nicht daran irre, daß es durch Vernunft gelenkt würde ... Ach! dann wundere ich mich aber mächtig, warum du bei so gesunder Überzeugung trotzdem krank bist. – Aber wir wollen tiefer forschen: irgend etwas fehlt noch, vermute ich. Also sage mir, da du ja an der Lenkung der Welt durch Gott nicht zweifelst, bemerkst du auch, mit welchem Steuer sie gelenkt wird?

Ich verstehe kaum, sage ich, den Sinn deiner Frage, geschweige, daß ich auf das Verlangte antworten könnte.

Habe ich mich, sagte sie, doch nicht getäuscht, daß da noch eine Lücke ist, durch die hindurch die Krankheit der Sinnesverwirrung in deine Seele geschlichen ist, wie wenn das Holz der Pallisade klafft! Aber sage mir, erinnerst du dich, welches das Ziel der Dinge ist, und wohin der Drang der ganzen Natur strebt? Ich habe es schon gehört, sagte ich, aber das Leid hat mein Gedächtnis geschwächt.

Aber du weißt, woraus alles hervorgegangen ist?

Ich weiß es, sagte ich, und antwortete darauf schon: Gott.

Und wie kann es sein, daß du den Anfang kennst, aber nicht weißt, was das Ziel ist? Aber das ist die Art solcher Verwirrung, so ihre Wirkung, daß sie die Menschen wohl in ihrem festen Stand zu lockern vermag, nicht jedoch auszureißen und ganz zu entwurzeln. Aber beantworte bitte auch das noch. Erinnerst du dich, daß du ein Mensch bist?

Wie sollte ich mich nicht erinnern? sagte ich.

Kannst du also wohl sagen, was ein Mensch ist?

Fragst du danach, ob ich weiß, daß ich ein vernunftbegabtes und sterbliches Lebewesen bin? Das weiß ich und bekenne mich dazu.

Und jene: Und weißt du nicht, daß du noch etwas anderes bist?

Nein.

Ich weiß nun, sagte sie, die andere und zwar wichtigste Ursache deiner Krankheit: du hast aufgehört zu wissen, was du selbst bist. Damit habe ich vollkommen die Art deiner Krankheit gefunden wie auch den Weg, deine Gesundheit versöhnt zurückzubringen. Denn da du ja an Selbstvergessen leidest, mußtest du dich als verbannt und deiner eigensten Güter beraubt betrauern. Da du nicht weißt, was das Ziel ist, hältst du unnütze und ruchlose Menschen für mächtig und glücklich. Da du vergessen hast, mit welchem Ruder die Welt gesteuert wird, bist du des Glaubens, dies wechselnde Schicksal treibe ohne Steuermann dahin: schwere Leiden, die nicht nur Siech-

tum, sondern sogar Tod bringen können. Aber Dank sei
dem Herrn des Heils, daß dich deine Natur noch nicht
ganz verlassen hat! Wir besitzen noch wirksamste Glut
für deine Heilung in deiner wahren Meinung von der
Welt, daß du nämlich glaubst, sie ist nicht der Willkür
der Zufälle, sondern göttlicher Vernunft untertan.
Fürchte also nichts! Bald wird aus diesem winzigen Fun-
ken die Wärme des Lebens aufleuchten.

Du, der das Weltall in ewiger Satzung beherrschet, des
        Himmels
und der Erden Schöpfer, der du von Ewigkeit wandeln
hießest die Zeit und in Ruh selbst, gibst, daß sich alles
        bewege,
den nicht äußere Gründe getrieben, aus flutendem Stoffe
auszuformen das Werk, sondern eingeborene Form des
höchsten Guten, das frei von Mißgunst: du leitest alles
ab vom Vorbild droben, im Geist das herrliche Weltall
tragend, selber am schönsten, es formend in ähnlichem
        Abbild,
und befiehlst dem Vollkommnen vollendete Teile zu
        bilden.
Du erbändigst durch Zahlen den Urstoff, daß sich die
        Kälte
schickt in die Flamme, das Trockne dem Flüssigen, daß
        nicht das Feuer
zu rein entfliege oder die Massen die Erde versenken.
Du bist's, der füget als Mitte die alles bewegende Seele
dreigeteilter Natur und sie löset in einträcht'ge Glieder;
da sie zerteilt die Bewegung in doppeltem Kreise geballt
        hat,

läuft sie ins Selbst sich zu kehrn und umkreiset die Tiefe
des Geistes,
dreht auch herum zugleich nach ähnlichem Bilde den
Himmel.
Du führst geringere Seelen und Wesen hervor durch
gleichen
Grund und die flüchtigen fügend an leichte Gefährte,
verteilst du
diese der Erde, jene dem Himmel; nach gütiger Satzung
dir zugewendet läßt du sie heimkehrn geleitet durchs
Feuer.
Gib dem Geiste, o Vater, den erhabenen Sitz zu
erklimmen;
gib die Quelle des Guten zu schaun; wenn das Licht so
gefunden,
gib, daß von Angesicht auf dich das Auge des Geistes
sich hefte!
Schlage entzwei Gewicht und Nebel der irdischen
Schwere!
Strahle in deinem dir eigenen Glanze; denn du bist das
Heitre,
Du bist ruhige Rast allen Frommen, dich sehen ist
Endziel,
Anfang, Beweger du, Führer und Pfad und Ende im
gleichen!

WALTHER VON DER VOGELWEIDE

O weh, wohin entschwand mir   Jahr, und Jahr um Jahr!
Träumte ich mein Leben   oder ist es wahr?
Was ich als wirklich wähnte,   war das Wirklichkeit?
Demnach hab ich geschlafen,   und wußte nicht Bescheid.
Nun bin ich wach geworden   und mir ist unbekannt
Was mir zuvor bekannt war   wie die eigne Hand.
Land und Leut in deren   Mitte ich erzogen
Die sind mir fremd geworden   als sein sie nur gelogen.
Mit denen ich einst spielte,   die sind träg und alt.
Beackert ist das Feld,   geschlagen ist der Wald.
Nur grad das Wasser fließt noch   wie früher vor mir her,
Es wäre sonst mein Schicksal   bei Gott auch allzu schwer!
Mich grüßte mancher früher   der heute von mir läuft.
Die Welt ist allenthalben   mit Undank vollgehäuft.
So denke ich an manchen   wunderschönen Tag
Der mir ist entglitten   wie in das Meer ein Schlag,
Immerdar o weh . . .
Wie kümmerlich bewegen   die jungen Leut sich heut,
Die einst sehr glücklich waren   und voller Freudigkeit.
Die kennen nur noch Sorgen.   Warum sind sie wohl so?
Wohin ich mich auch wende,   ich finde niemand froh.
Man sehe wie die Mode   der Damen hat verloren.
Die stolzen Ritter gehen   wie auf dem Dorf die Toren.
Singen ist und Tanzen   in Sorgen hingefahren.
Kein Christenmensch erlebte   je solche Jammerscharen.
Dazu ist böse Botschaft   den Weg von Rom gekommen,
Reißt auf die Trauerpforten,   hat alle Freud genommen.
Das schmerzt mich in der Seele   – wir lebten einst nicht
            schlecht –,
Daß ich mein Lachen tauschte   und erbte Trauerrecht.

Die Vögel in der Wildnis   betrübt selbst unsre Klage.
Was ist es da groß Wunder,   wenn gleichfalls ich verzage.
Jedoch – was klag ich töricht   mit meinem Zorneswort:
Wer diese Welt verherrlicht,   verliert die andre dort;
Immer und allezeit.

Ach wie mich vor der Süße   des Giftetranks
                    erschauert.
Ich seh die bittre Galle   die in dem Honig lauert.
Die Welt ist schön von außen,   ist hell und bunt und rot,
Und innen ist sie dunkel   und finster wie der Tod.
Doch dem, den sie verführte   winkt Trost jetzt, wer er
                    sei:
Mit leichter Bußesleistung   wird er von Sünden frei.
Daran gedenkt, ihr Ritter,   es ist euer Ding:
Ihr tragt die hellen Helme   und manchen Panzerring,
Ihr tragt die festen Schilde,   die Schwerter sind geweiht.
Wollte Gott, für mich auch   wär noch Ritterzeit!
Dann würd ich, der ich arm bin,   verdienen reichen
                    Sold.
Ich meine keine Länder   und nicht der Fürsten Gold:
Der Seligkeiten Krone   würd ich ewig tragen:
Longinus konnte einst sie   mit seinem Speer erjagen.
Dürft die ersehnte Fahrt ich   mitfahren über See,
So sänge ich ein Danklied,   und nimmer mehr »o weh«,
Nimmer mehr »o weh«.

DANTE ALIGHIERI

Aus
Die Göttliche Komödie

Grad in der Mitte unsrer Lebensreise
   Befand ich mich in einem dunklen Walde,
   Weil ich den rechten Weg verloren hatte.
Wie er gewesen, wäre schwer zu sagen,
   Der wilde Wald, der harte und gedrängte,
   Der in Gedanken noch die Angst erneuert.
Fast gleichet seine Bitternis dem Tode,
   Doch um des Guten, das ich dort gefunden,
   Sag ich die andern Dinge, die ich schaute.
Wie ich hineinkam, kann ich kaum berichten,
   So war ich schwer vom Schlaf zu jener Stunde,
   Da ich den wahren Weg verlassen hatte.
Doch als ich dort zum Fuße eines Hügels
   Gekommen war am Ende jenes Tales,
   Das mir das Herz so sehr mit Angst gepeinigt,
Blick' ich nach oben und sah seine Schultern
   Schon von den Strahlen des Gestirns bekleidet,
   Das uns auf jedem Pfade richtig führet.
Darauf ward meine Angst ein wenig stiller,
   Die mir im See des Herzens angestanden
   Die Nacht, die ich verbracht in solchen Qualen.
Und wie ein Mensch noch mit gepreßtem Atem,
   Der sich vom Meere an den Strand gerettet,
   Zurückschaut nach den aufgeregten Wassern,
So tat mein Geist, der, immer noch im Flüchten,
   Sich umgewandt, den Durchgang zu betrachten,
   Den nie ein Wesen lebend noch verlassen.

Erst gab ich meinem müden Leibe Ruhe,
  Dann ging ich weiter durch die öde Wüste,
  Fest immer mit dem untern Fuße tretend.
Und siehe, beinah beim Beginn des Hanges
  Erschien ein Panther, leicht und sehr behende,
  Der war bedeckt mit einem bunten Felle.
Er wollt' mir nicht mehr aus den Augen gehen,
  Vielmehr hat er mir so im Weg gestanden,
  Daß ich mich mehrmals schon zur Umkehr wandte.
. . .
Indessen ich im niedern Grund verkommen,
  Hat sich vor meinen Augen dargeboten
  Ein Mann, der stumm erschien vom langen Schwei-
      gen.
Als ich den sah in jener großen Wüste,
  »Erbarm dich meiner«, rief ich ihm entgegen,
  »Wer du auch seist, ob wahrer Mensch, ob Schatten!«
Er gab zur Antwort: »Nicht ein Mensch, das war ich,
  Und meine Eltern waren einst Lombarden,
  Und beide hatten Mantua zur Heimat.
Ein Dichter war ich, sang von dem gerechten
  Sohn des Anchises, der von Troja aufbrach,
  Nachdem das stolze Ilion niederbrannte.«
»So bist du der Vergil, bist jene Quelle,
  Die einen solchen Strom der Sprache spendet?«
  Sprach ich zu ihm mit schamgebeugter Stirne.
»O du, der andern Dichter Ehr' und Leuchte,
  Es helfe mir der Eifer und die Liebe,
  Die mich in deinem Buche forschen ließen.
Du bist mein Vorbild und du bist mein Meister,
  Du ganz allein bist der, dem ich verdanke
  Den schönen Stil, der mich zu Ehren brachte.
Sieh dort das Tier, vor dem ich mich geflüchtet.

Errette mich vor ihm, ruhmreicher Weiser,
  Es läßt mich noch in allen Adern beben.«
»Du mußt auf einem andern Wege gehen«,
  Sprach er, da er in Tränen mich erblickte,
  »Wenn du aus dieser Wildnis willst entfliehen.
Drum meine ich, zu deinem eignen Heile,
  Sollst du mir folgen, und ich will dich führen,
  Von hier dich zu dem ewigen Ort geleiten.
Dort wirst du die Verzweiflungsschreie hören
  Und sehn die alten schmerzenvollen Geister,
  Die alle ihren zweiten Tod beklagen.
Und sehen wirst du, die zufrieden wandeln
  Im Feuer, weil sie noch die Hoffnung haben,
  Wann immer, zu den Seligen zu kommen.«

*Dante ist dazu bereit. Aber da es Abend wird, kommen ihm
Zweifel. Er erinnert sich, daß Aeneas, des Silvius Vater, der
Ahnherr der römischen Könige und damit der Begründer des
Römischen Reiches, zu den Toten hinabgestiegen ist, ebenso
der Auserwählte Gottes, der Apostel Paulus, der Urheber
der Heidenmission:*

Und ich begann: »O Dichter, der mich leitet,
  Schau her auf meine Kraft, ob sie auch mächtig,
  Eh' du dem hohen Weg mich anvertrauest.
Du sagst, daß einstens schon des Silvius Vater,
  Noch sterblich, zu unsterblichen Gefilden
  Hinunterstieg mit allen seinen Sinnen.
Dann stieg hinab der Auserwählte Gottes,
  Von dort die Kraft zu holen für den Glauben,
  Der Anfang ist zum Wege der Erlösung.
Doch was steig ich hinunter? Wer erlaubt es?
  Ich bin Aeneas nicht, nicht Paulus bin ich,
  Und niemand wird mich dafür würdig halten.«

»Sofern ich deine Worte recht verstanden«,
   Gab mir zur Antwort des Großmütigen Schatten,
   »Hat Feigheit deine Seele angefochten.
Damit du dich von solcher Furcht befreiest,
   Will ich dir sagen, warum ich gekommen
   Und was ich bei dem ersten Mitleid hörte.
Ich war bei denen, deren Los im Schweben;
   Da rief mich eine Frau, so schön und selig,
   Daß ich sie bitten mußte zu befehlen.
Mehr als ein Stern war ihrer Augen Leuchten,
   Und sie begann so süß und leis zu sprechen
   Mit Engelstimme in der eignen Sprache.
›O du aus Mantua, höfliche Seele,
   Von der der Ruhm in unsrer Welt noch dauert
   Und dauern wird, solang die Welt bestehet:
Mein Freund, doch nicht zugleich der Freund des Glük-
      kes,
   Ist an dem öden Strande so behindert
   Auf seinem Weg, daß er aus Furcht sich wendet.
Ich fürchte fast, er ist schon so verirret,
   Daß ich zu spät zu seiner Hilfe eilte,
   Nach dem, was ich im Himmel von ihm hörte.
Nun geh und hilf mit deinem schmucken Worte
   Und allem, was zu seiner Rettung nötig,
   Ihm, daß ich selbst darob getröstet werde.
Ich bin Beatrice, die dich zu ihm sendet.
   Ich komm von dort, wohin ich gerne kehre.
   Die Liebe trieb mich, daß ich reden mußte.
Wenn ich hernach vor meinen Herren trete,
   Will ich ihm oft zu deinem Lobe reden.‹«

Als Vergil Beatrice, die Frau (gest. 1290), der Dantes reine
Liebe galt und die hier die Theologie verkörpert, nach dem

Grund ihres Kommens fragt, erfährt er, daß Maria sich Dantes erbarmt und Beatrice zu Vergil gesandt hat, der sich im ersten Höllenkreis aufhält:

So wie geschlossen und gebeugt die Blümlein
   Vom Frost der Nacht, beim ersten Schein der Sonne
   Aufrecht und offen sich am Stengel heben,
So hob ich mich aus meinen müden Kräften,
   Und so viel gute Kühnheit floß zum Herzen,
   Daß ich mit freiem Mute also sagte:
»O Mitleidvolle, die mir so geholfen,
   Und du so höflich, der so schnell gehorchte
   Dem wahren Wort, das sie zu dir gesprochen!
Du hast mit Sehnsucht so mein Herz beweget
   Durch deine Worte, daß ich gerne komme
   Und meinem alten Vorsatz wieder folge.«

In Vergils Begleitung durchschreitet Dante nun die 10 Höllenkreise und ersteigt die 10 Simse des Läuterungsberges, auf dessen letztem, dem Irdischen Paradies, er einer singenden und Blumen pflückenden Frau, Matelda, begegnet. Sie erklärt ihm die Paradiesflüsse: im Lethe *vergißt man die bereuten Sünden, im* Eunoë *gewinnt man Erinnerung aller guten Taten. Dann zeigt sich der Triumphzug der Kirche, ein Wagen, von Christus als* Greif *gezogen. Auf ihm steht, verschleiert,* Beatrice.

Ich sah wohl manchmal schon am frühen Tage
   Den Himmelsrand im Osten ganz gerötet,
   Indes der Rest in schöner Klarheit strahlte,
Und sah der Sonne Antlitz dunstig steigen,
   So daß das Auge durch der Dämpfe Trübung
   Das Licht auf lange Zeit ertragen konnte.
So kam in einer dichten Blumenwolke,
   Die aus der Engel Händen dort entströmte
   Und niederregnete nach allen Seiten,

Im weißen Schleier mit Olivenzweigen
  Dort eine Frau, in einem grünen Mantel
  Und einem Kleide von der Flammen Farbe.
Da hat mein Geist, der schon seit langen Zeiten
  Von ihrer Gegenwart mit jenem Staunen
  Und tiefen Beben nicht erschüttert worden,
Auch ohne daß die Augen sie erkannten,
  Nur durch geheime Kraft, die von ihr ausging,
  Der alten Liebe große Macht erfahren.
Sobald die hohe Kraft in meine Augen
  Gefallen, die mich schon getroffen hatte,
  Bevor ich meine Knabenzeit verlassen,
Wandt' ich zur Linken mich mit dem Vertrauen,
  Mit dem das Kindlein hineilt zu der Mutter,
  Wenn es sich fürchtet oder sonst betrübt ist,
Und sagte zu Vergil: »Von meinem Blute
  Blieb nicht ein Quentchen übrig, das nicht zittert;
  Ich fühl, es sind der alten Flamme Zeichen.«
Jedoch Vergil war schon hinweggegangen
  Von uns, Vergil, mein lieber, guter Vater,
  Vergil, dem ich zum Heile mich verschrieben.
Doch alles, was verlor der Menschen Mutter,
  Vermochte nicht, daß die gewaschnen Wangen
  Nicht wieder unrein wurden durch die Tränen.
»Dante, wenn auch Vergil nun von dir scheidet,
  Sollst du doch noch nicht weinen, noch nicht weinen,
  Denn weinen wirst du über andre Wunden.
Ja, schau nur her, jawohl, ich bin Beatrice!
  Wie wagtest du, dem Berge dich zu nahen?
  Hast du denn nicht gewußt, hier sei man glücklich?«

Sie macht Dante zum Vorwurf, daß er im Paradies weint, wo
man glücklich sein soll. Engel erbarmen sich. Sie singen:

*»Herr, auf dich traue ich, laß mich nimmermehr zuschanden
werden ... [Du] übergibst mich nicht in die Hände des Fein-
des, du stellst meine Füße auf weiten Raum« (Psalm 30/31).
Da löst sich Dantes Erstarrung:*

Wie oft der Schnee in dem lebendigen Holze
   Sich festgefroren auf Italiens Rücken,
   Wenn über ihn die Slavenwinde blasen,
Und dann geschmolzen in sich selbst versickert,
   Wenn Winde aus dem heißen Lande wehen,
   Wie Feuer eine Kerze bringt zum Schmelzen;
So war ich ohne Seufzer, ohne Tränen,
   Bevor ich jene singen hört', die immer
   Gemäß dem Ton der ewigen Kreise singen.
Doch als ich aus den süßen Klängen hörte,
   Wie sehr sie Mitleid hatten, mehr als wollten
   Sie sagen: »Was willst du ihn so bedrücken?«
Da ward das Eis, das um mein Herz gefroren,
   Zu Hauch und Wasser und kam voll Bedrängnis
   Aus meiner Brust hervor durch Mund und Augen.

Dante hört Beatrices Anklage:

»Dieser war so in seinem jungen Leben
   Geschaffen, daß ihm jede gute Gabe
   Sich hätte wunderbar entfalten können.
Für kurze Zeit gab ihm mein Antlitz Stärke;
   Indem ich ihm die jungen Augen zeigte,
   Führt' ich ihn mit mir auf dem rechten Wege.
Sobald ich auf der Schwelle angekommen
   Des zweiten Alters und das Leben tauschte,
   Verließ mich dieser und ergab sich andern.«
Verweint sprach ich: »Die gegenwärtigen Dinge

Verführten mich mit ihrem falschen Glanze,
  Sobald sich Euer Antlitz mir verborgen.«
»Und wenn die höchste Freude dir entgangen
  Durch meinen Tod, was für ein sterblich Wesen
  Hat dich in seinen Bann noch ziehen dürfen?
Es durfte dir die Flügel nicht mehr ziehen
  Nach unten, daß dich neue Schläge träfen,
  Ein Mädchen oder solche Eitelkeiten.«
. . .
Und so sehr brannten mich der Reue Nesseln,
  Daß alles, was mich einst mit Liebe lockte,
  Mir desto feindlicher erscheinen mußte.
Soviel Erkenntnis nagte mir am Herzen,
  Daß ich zu Boden fiel; und wie mir wurde,
  Weiß die nur, die den Anlaß mir geboten.

Nun darf Dante vom Lethe, *und, nach der Verwandlung des
Kirchenwagens, die das Schicksal der Kirche darstellt, vom*
Eunoë *trinken. Damit ist seine Läuterung vollendet.*

Ich kehrte wieder aus den heiligen Wogen,
  War neugeboren wie die neuen Pflanzen,
  Wenn sie ihr grünes Laub erneuert haben,
Rein und bereit zum Aufstieg auf die Sterne.

Kehr ich mich um, die Jahre zu betrachten,
die fliehend die Gedanken mir zerstreuten,
die Flammen löschten, die mir Eis bedeuten,
und kummervoller Ruh ein Ende machten;

des Glaubens an die Liebeslügen lachten,
zu Hälften mir das höchste Gut entzweiten
– einer der Erde, einer Gott geweihten –
und mich um allen Lohn des Schadens brachten,

erschreck ich –: so entblößt schier, zu beneiden
das äußerste Geschick, ja das Verderben:
solch Weh vor mir empfind ich und Entsetzen.

Wie durftet ihr, mein Stern, mein Glück, mein Sterben,
du für mich ewig süßer Tag der Leiden,
mich derart in Erniedrigung versetzen!

JOHANNES VON TEPL

Aus

Der Ackermann und der Tod

DER ACKERMANN. Das 1. Kapitel

Grimmiger Tilger aller Leute, schändlicher Ächter aller Wesen, schrecklicher Mörder aller Menschen, Ihr, Tod, Euch sei geflucht! Gott, Euer Schöpfer, hasse Euch, wachsendes Unheil hause bei Euch, Mißgeschick suche gewaltig Euch heim, gänzlich geschändet seid immer! Angst, Not und Jammer verlasse Euch nicht, wo Ihr wandert; Leid, Betrübnis und Kummer geleite Euch allenthalben; leidige Gegnerschaft, schandbare Mißachtung und schmachvolle Abwendung, sie bedränge Euch gründlich an jeder Statt! Himmel, Erde, Sonne, Mond, Gestirne, Meer, Gewässer, Berg, Gefilde, Tal, Aue, der Hölle Abgrund, alles was Leben und Wesen hat, sei Euch unhold, abgünstig und fluche Euch ewiglich! In Bosheit versinket, in jämmerlichem Elend verschwindet und in der unaufhebbaren schwersten Acht Gottes, sämtlicher Menschen und aller Geschöpfe bleibet alle künftige Zeit! Schamloser Bösewicht, Euer böses Gedächtnis lebe und dauere fort ohne Ende; Grauen und Furcht scheide nicht von Euch, wo Ihr wandert und wohnet! Von mir und aller Menschheit sei über Euch wahrhaft Zeter geschrien mit gerungenen Händen!

DER TOD. Das 2. Kapitel

Hört, hört, höret neue Wunder! Grausame und unerhörte Klagen fechten Uns an. Von wannen die kommen, ist fürwahr Uns fremd. Doch Drohen, Fluchen, Zeter schreien, Hände ringen und jederlei Angriff hat Uns allenthalben bisher nicht geschadet. Dennoch, Sohn, wer du bist, melde dich und tue kund, welches Leid dir von Uns widerfahren sei, darum du Uns so unziemlich behandelst, wie Wir bislang es gewohnt nicht sind, wiewohl Wir doch manchen kenntnisreichen, edeln, schönen, mächtigen und standhaften Leuten sehr über den Rain gegraset haben, wodurch Witwen und Waisen, Landen und Leuten Leides genugsam geschehen ist! Du tust gleich einem, dem es ernst ist, wie wenn schwere Not dich bedrücke. Deine Klage ist ohne Reime, woraus Wir schließen, du wollest um Tönens und Reimens willen deinem Sinn nicht entweichen. Bist du aber tobend, wütend, umnebelt oder sonst von Sinnen, so verzieh, halt ein und sei nicht zu schnell, so grausam zu fluchen; denn gib acht, damit du nicht bekümmert werdest durch spätere Reue! Wähne nicht, daß du Unsere herrliche und gewaltige Macht jemals schwächen könntest! Dennoch nenne dich und verschweig nicht, in welcher Sache dir von Uns so schreckliche Gewalttat geschehen! Rechtfertig vor dir wollen Wir werden; rechtfertig ist Unser Verfahren. Wir wissen nicht, wes du so freventlich Uns zeihest.

DER ACKERMANN. Das 3. Kapitel

Ich bin genannt ein Ackermann. Vom Vogelkleid ist mein Pflug[1]; ich wohne im Böhmer Lande. Gehässig, widerwärtig und widerstrebend will ich Euch immer sein.

---

[1] Johannes von Tepl war Stadtschreiber in Saaz (Böhmen). Mit dem Ackermann, dessen Pflug vom Vogelkleid ist, umschreibt er sich selbst.

Denn Ihr habt mir den zwölften Buchstaben[2], meiner Freuden Hort, aus dem Alphabet gar schrecklich ausgerissen; Ihr habt meiner Wonnen lichte Sommerblume mir aus meines Herzens Anger jammervoll ausgejätet; Ihr habt mir meines Glückes Halt, meine auserwählte Turteltaube arglistig entwendet; Ihr habt unwiederbringlichen Raub an mir getan. Erwäget selber, ob ich mit Fug Euch drum zürne, wüte und klage: durch Euch bin ich des freudenreichen Daseins beraubt, täglicher, guter Lebenstage entwehrt und alles wonnenbringenden Gewinnes entäußert. Frisch und froh war ich vormals in jeder Stunde; kurz und lustsam war mir Tag und Nacht, in gleicher Weise freudenreich, wonnenreich alle beide; ein jegliches Jahr war mir ein gnadenreiches Jahr. Nun wird zu mir gesprochen: Kratz ab! Bei trüben Gedanken, auf dürrem Aste, finster und verdorrend bleib und jammere ohn Unterlaß! Also treibt mich der Wind, ich schwimme dahin durch des wilden Meeres Flut, die Wogen haben Oberhand gewonnen, mein Anker haftet nirgends. Drum will ich ohne Ende schreien: Ihr, Tod, Euch sei geflucht!

DER TOD. Das 4. Kapitel

Wunder nimmt Uns solch unerhörter Angriff, der Uns noch nie begegnet ist. Bist du ein Ackermann, wohnend im Böhmer Lande, so dünkt Uns, du tust Uns schweres Unrecht, da Wir seit langer Zeit in Böhmen nichts Endgültiges gewirkt haben, außer nun kürzlich in einer festen, schmucken Stadt, auf einem Berge wehrlich gelegen; der haben vier Buchstaben: der 18., der 1., der 3.

2 Das M; es steht für Margaretha, des Verfassers Frau, deren Tod im Kindsbett ihn zu seinem Werk veranlaßte.

und der 23. des Alphabets ihren Namen geflochten. Da haben Wir an einer ehrbaren, seligen Tochter Unser Gnadenwerk vollbracht; ihr Buchstabe war der zwölfte. Sie war gar tüchtig und makelfrei; denn Wir waren gegenwärtig, als sie geboren ward. Da sandte ihr Frau Ehre einen Gerenmantel und einen Ehrenkranz; den Mantel und den Kranz brachte sie ganz, unzerrissen und unbefleckt mit sich in die Grube. Unser und ihr Zeuge ist der Erkenner aller Menschen. Reines Gewissens, dienstfertig, treu, wahrhaft und zumal gütig war sie gegen alle Leute. Wahrlich, eine so sanfte und stetige kam Uns selten zu Handen; es sei denn diese, die du meinest: sonst wissen Wir keine.

DER ACKERMANN. Das 5. Kapitel

Ja, Herr, ich war ihr Friedel, sie meine Liebste. Ihr nahmt sie hin, meine freudenreiche Augenweide. Sie ist dahin, mein Friedeschild vor Ungemach; fort ist meine wahrsagende Wünschelrute. Hin ist sie, hin. Da stehe ich armer Ackermann alleine! Verschwunden ist mein lichter Stern am Himmel; zur Rüste ist gegangen meines Heiles Sonne, auf geht sie nimmermehr. Nicht mehr geht auf mein strahlender Morgenstern; verblichen ist sein Schein. Keinen Leidvertreib habe ich mehr; finstere Nacht ist allenthalben vor meinen Augen. Ich wähne nicht, daß etwas sei, was mir rechte Freude jemals wiederbringen könnte; denn meiner Freuden stolzes Banner ist mir zum Leide hingesunken.

Zeter! Waffen! sei von Herzensgrunde geschrien. Über das Jahr, über den Unheilstag und über die leidige Stunde, da mein steter, harter Diamant zerbrochen ist, da mir mein recht mich leitender Wanderstab unbarmherzig aus den Händen gerissen ward, da mir der Weg zu meines Heiles erneuerndem Jungbrunnen versperrt ward.

Ach ohne Ende, Wehe ohn Unterlaß, jämmerliches Versinken, Sturz und ewiger Fall sei Euch, Tod, zu Erbe und Eigen gegeben! Lasterbefleckt, schandgierig und zähneknirschend sterbet und vergeht im Stank der Hölle! Gott beraube Euch Euerer Macht und lasse sie zu Staub zerstieben! Ohne Ende führet ein teuflisch Dasein!

DER TOD. Das 6. Kapitel

Ein Fuchs schlug einen schlafenden Löwen an die Backe; darum ward ihm sein Balg zerrissen. Ein Hase zwickte einen Wolf; noch heute ist er schwanzlos darum. Eine Katze krallte einen Hund, der da schlafen wollte; immer muß sie des Hundes Feindschaft tragen. Also willst du dich an Uns reiben. Doch glauben Wir: Knecht bleibe Knecht, und Herr bleibe Herr! Wir wollen beweisen, daß Wir recht wägen, recht richten und recht verfahren in der Welt, niemandes Adels schonen, großes Wissen nicht achten, keinerlei Schönheit je ansehen, Gabe, Liebe, Leid, Alter, Jugend und sonstige Dinge nicht wägen. Wir tun gleich der Sonne, die scheinet über Gut und Böse: Wir nehmen Gut und Böse in Unsere Gewalt. Alle Meister, die die Geister zwingen können, müssen Uns ihren Geist ausantworten und übergeben. Die Schwarzkünstler und Zauberinnen können vor Uns nicht bestehen; es hilft ihnen nichts, daß sie reiten auf Stöcken, daß sie reiten auf Böcken. Die Ärzte, die den Leuten das Leben verlängern, müssen Uns zuteil werden: Wurzeln, Kräuter, Salben und allerlei Apothekenpulver können ihnen nicht helfen. Sollten Wir nur den Faltern und Heuschrecken Rechnung ablegen über ihr Geschlecht, die

Rechnung würde ihnen nicht Genüge tun. Oder soll-
ten Wir um der Feindschaft, um Liebes oder Leides
willen die Leute leben lassen? Der ganzen Welt Kai-
sertum wäre nun Unser; alle Könige hätten ihre Krone
auf Unser Haupt gesetzt, ihr Zepter Unserer Hand über-
geben; des Papstes Stuhl mit seiner dreigekrönten
Bischofsmütze wäre in Unserer Gewalt. Laß sein dein
Fluchen; sage nicht von Schwatzenfels neue Mären;
hau nicht über dich, so fallen dir die Späne nicht in die
Augen!

DER ACKERMANN. Das 7. Kapitel

Könnte ich fluchen, könnte ich schelten, könnt ich Euch
schmähen, daß Euch schlimmer denn übel geschehe, das
hättet Ihr schnödiglich wohl an mir verdient. Denn nach
großem Leiden soll große Klage folgen: unmenschlich
täte ich, wenn ich solch lobesame Gottesgabe, die nie-
mand denn Gott allein geben kann, nicht beweinte.
Wahrlich, trauern muß ich immer. Entflogen ist mir mein
ehrenreicher Falke, meine tugendhafte Frau. Mit Fug
klage ich; denn sie war edeler Geburt, reich an Ehren,
rüstig und all ihre Gespielen überragender Gestalt,
wahrhaft und züchtig in Worten, keuschen Leibes,
gut und fröhlich im Umgang – ich schweige, zumal
da ich zu schwach bin, all ihre Tugend, die Gott selbst
ihr verliehen hat, voll zu künden; Herr Tod, Ihr wisset
es selber. Um so großes Herzeleid muß ich Euch
mit Recht verklagen. Wahrlich, wäre etwas Gutes
an Euch, es würde Euch selber erbarmen. Ich will
mich wenden von Euch, von Euch nichts Gutes sagen.
Nach allem meinem Vermögen will ich Euch ewiglich
widerstreben; die ganze Schöpfung soll mir Beistand

leisten, wider Euch zu wirken. Euch befehde und hasse alles, was da ist im Himmel, auf Erden und in der Hölle!

DER TOD. Das 8. Kapitel

Des Himmels Thron den guten Geistern, der Hölle Grund den Bösen, die irdischen Lande hat Gott Uns zum Erbteil gegeben. Dem Himmel Frieden und Lohn für Tugenden, der Hölle Pein und Strafen für Sünden; der Erde Kugel und Meeres Strom mit allem, was sie enthalten, hat Uns der mächtige Herzog aller Welten anbefohlen, gebietend, daß Wir alles Überflüssige ausroden und ausjäten sollen. Stelle dir vor, törichter Mann, prüfe und grab mit des Gedankens Grabstichel ein in die Vernunft, so findest du: hätten Wir seit des ersten aus Lehm gekneteten Mannes Zeit der Menschen auf Erden, der Tiere und Würmer in der Einöde und in wilden Wäldern, der Schuppen tragenden und schlüpfrigen Fische in den Wassern Zuwachs und Mehrung nicht ausgerottet, vor kleinen Mücken möchte nun niemand bestehen, vor Wölfen wagte sich niemand hinaus, es würde fressen ein Mensch den andern, ein Tier das andere, ein jegliches lebende Geschöpf das andere. Denn an Nahrung würde es ihnen gebrechen; die Erde würde ihnen zu enge. Der ist töricht, der da beweinet die Sterblichen. Laß ab! Die Lebenden zu den Lebenden, die Toten zu den Toten, wie es bisher gewesen ist! Gedenke besser, du Tor, worüber du klagen sollst!

DAS URTEIL GOTTES. Das 33. Kapitel

Der Lenz, der Sommer, der Herbst und der Winter, die vier Beleber und Erhalter des Jahres, die wurden uneins in großem Streit. Ihrer jeder rühmte sich seines guten Willens in Regen, Winden, Donner, Schauern und in allerlei Ungewittern, und jeder wollte in seinem Wirken der Beste sein.

Der Lenz sagte, er belebe und mache üppig alle Frucht. Der Sommer sagte, er mache reif und erntezeitig alle Frucht. Der Herbst sagte, er führe und bringe ein in Scheuer, Keller und in die Häuser alle Frucht. Der Winter sagte, er verzehre und nütze alle Frucht und vertreibe alles giftige Gewürm. Sie rühmten sich und stritten heftig. Sie hatten aber vergessen, daß sie sich eigener Herrschgewalt rühmten.

Ebenso tut ihr beide. Der Kläger klagt seinen Verlust ein, als ob der sein Erbgut wäre; er bedenkt nicht, daß es von Uns verliehen war. Der Tod rühmet sich eigener Herrschgewalt, die er doch allein von Uns zu Lehen empfangen hat. Jener klagt ein, was nicht sein ist; dieser rühmet sich einer Herrschaft, die er nicht aus sich selber hat. Jedoch ist der Streit nicht ganz unbegründet. Ihr habt beide gut gefochten: den zwingt sein Leid zu klagen, diesen der Angriff des Klägers, die Wahrheit zu sagen. Darum Kläger, habe Ehre! Tod, habe Sieg! Jeder Mensch ist pflichtig, dem Tod das Leben, den Leib der Erde, die Seele Uns zu geben.

Es kam dazu, daß ich, an die zehn Jahre alt,
mir ansehn wollte, wie die Welt beschaffen ist.
In Not und Armut, manchem heißen, kalten Land
hab ich gehaust bei Christen, Heiden, Orthodoxen.
Drei Pfennig in dem Beutel und ein Stückchen Brot,
das nahm ich mit daheim, auf meinem Weg ins Elend.
Bei Fremden, Freunden ließ ich manchen Tropfen Blut,
ich glaubte mich zuweilen schon dem Tode nah.
Ich lief zu Fuß, als sei's zur Buße. Dann verstarb
mein Vater. Vierzehn Jahre, immer noch kein Pferd.
Nur eins mal halb gestohlen, halb geraubt – ein Falber.
Auf gleiche Weise wurd ichs leider wieder los!
War Laufbursch, war sogar mal Koch und Pferdeknecht,
und auch am Ruder zog ich, es war reichlich schwer,
bei Kreta und auch anderswo, und dann zurück.
So mancher Kittel war mein bestes Kleid.

Nach Preußen, Litauen. Zur Krim; Türkei; ins Heilge
                Land;
nach Frankreich, Lombardei und Spanien. Mit zwei
                Königsheeren
(ich zog umher im Liebesdienst, doch zahlte selbst!)
mit Ruprecht, Sigmund: beide mit dem Adlerzeichen.
Französisch und arabisch, spanisch, katalanisch,
                deutsch,
lateinisch, slawisch, italienisch, russisch und ladinisch –
zehn Sprachen habe ich benutzt, wenn's nötig war.
Auch konnt ich fiedeln, flöten, trommeln und trompeten.
Ich habe Inseln, Halbinseln und manches Land umfahren
auf Schiffen, deren Größe mich bei Sturm beschützte;

so bin ich auf den Meeren hin und hergereist.
Das Schwarze Meer, es lehrte mich ein Faß
                          umklammern,
als (großes Pech!) die Brigantine unterging.
Da war ich Kaufmann, kam davon mit heiler Haut,
ich und ein Russ; in dem Getose fuhr mein Kapital
samt Zins zum Meeresgrund; ich aber schwamm zur
                          Küste.

Die Königin von Aragon war zart und schön;
ergeben kniete ich und reichte ihr den Bart,
mit weißen Händen band sie einen Ring hinein,
huldvoll und sprach: »Non mais plus disligaides.«
Die Ohrläppchen hat sie mir eigenhändig dann
durchbohrt, mit einer kleinen Messingnadel;
nach Landessitte hängte sie zwei Ringe dran.
Ich trug sie lang; man nennt sie dort »racaides«.
Sobald ich König Sigmund fand, ging ich zu ihm –
er riß den Mund auf, schlug ein Kreuz, als er mich sah
und rief mir zu: »Was zeigst du mir denn für ein Zeug?«
Und freundlich dann: »Tun dir die Ringe auch nicht
                          weh?«
Die Damen, Herren schauten mich da an und lachten –
neun Diplomaten, Vollmachtträger, seinerzeit
in Perpignan; ihr Papst von Luna, namens Pedro,
als zehnter König Sigmund; auch die Frau von Prades.

Ich wollt mein schlimmes Leben ändern (ja, das
                          stimmt!);
zwei Jahre lang war ich ein halber Laienbruder.
Die Andacht machte da den Anfang, ganz gewiß,
doch kam die Liebe dann dazwischen, störte mich.
Ich zog sehr viel umher, war aus auf Ritterspiel;

ich diente einer Dame – den Namen nenn ich nicht.
Sie wollte mir auch nicht ein Quentchen Huld gewähren,
eh mich die Kutte nicht zum Narren machte.
Ich hatte hübsche Chancen, alles ging ganz leicht,
solange ich den Mantel mit Kapuze trug.
Davor, danach hat kaum ein Mädchen mir soviel
                    gewährt,
da fanden meine Worte nicht so freundliches Gehör.
Und schnurstracks flog die Andacht gleich zum Schädel
                    raus,
als ich die Kutte von mir warf, im Nebel draußen.
In Liebesdingen ist seither mein Stand recht schwer;
mir ist die Lust, die Freude halbwegs abgekühlt.

Erzählen, was ich alles litt, das führte wohl zu weit.
Bin erstmals hörig einem schönen, roten Mund;
das brach mir fast das Herz, war nah am bittren Tod.
Ich kriegte vor ihr manchen Schweißausbruch –
sehr rot und bleich war wechselweise mein Gesicht,
wenn ich der Schönen meine Aufwartung gemacht.
Vor Zittern, Seufzen war ich oft nicht mehr bei mir,
da schien es mir, als wär ich ausgebrannt.
Verzweifelt war ich fortgerannt, zweihundert Meilen
                    weit
und mehr, und hab doch nirgends Trost gefunden.
Viel schlimmer noch als Kälte, Regen, Schnee: der
                    Schüttelfrost.
Ich brenne, wenn die Sonne ihrer Liebe scheint.
Bin ich bei ihr, so ist es mit Verstand, Vernunft vorbei.
Sie ist es, die mich, hilflos, in die Ferne treibt,
ins Unheil jagt – bis Gnade ihren Haß aufkündet.
Ach, hälf sie mir: aus Trübsal würde Glück.

Ich sah vierhundert Frauen, ohne einen Mann
auf Nios; die wohnten auf der kleinen Insel.
So Schönes hat kein Mensch im Saal auf einem Bild
                    gesehn –
und doch: es reichte keine an die Frau heran,
die mir die allzu schwere Bürde aufgehuckt.
Ach Gott, wär ihr nur halbwegs meine Last bewußt,
viel leichter wäre mir zu Mut, bei allem Schmerz,
ich hätte Hoffnung, daß sie sich erbarmt.
Wenn in der Ferne ich oft meine Hände ringe,
wenn ich mit Schmerzen misse ihren Gruß,
wenn früh und spät ich keine Ruhe find im Schlaf,
so sind daran die zarten, weißen Arme schuld.
Verliebte Burschen, Mädchen, denkt an dieses Leid!
Mir ging's noch gut, als sie den Abschiedssegen gab.
So glaubt mir: wüßte ich, ich sehe sie nicht mehr,
mir würden meine Augen oft von Tränen naß.

Ich habe vierzig Jahre (minus zwei) gelebt
mit wüstem Treiben, Dichten, vielem Singen;
es wär jetzt an der Zeit, daß ich als Ehemann
aus einer Wiege Kinderschreien hörte.
Doch niemals werde ich die Frau vergessen können,
die mir den frohen Sinn fürs Leben gab.
Ich fand auf dieser Welt noch keine, die ihr gleicht.
Auch fürcht ich ziemlich das Gekeif von Ehefrauen.
Gericht und Rat – was ich dort sagte, schätzte mancher
                    Weise,
dem ich gefiel, wenn ich ihm hübsche Lieder sang.
Ich Wolkenstein, ich leb gewiss nicht sehr vernünftig –
mir liegt zu sehr daran, daß ich der Welt gefalle
und seh doch wohl: ich weiß nicht, wann ich sterben
                    muß.

Und: daß mir dann nur gute Taten Wert verleihn.
Wär ich bloß dem Gebot des Herrn gefolgt –
ich bräucht die Höllenflammen kaum zu fürchten.

Aus
Gespräch über das Seinkönnen

Unterredner: Kanzler Bernhard von Kraiburg, Abt Giovanni Andrea dei Bussi und Kardinal Nikolaus von Cues

BERNHARD. Da sich nunmehr die längst ersehnte Gelegenheit zu einer Unterredung mit dem Kardinal bietet und er geneigt ist, ein lang erwogenes Denkergebnis mitzuteilen, so stelle, bitte, du, Abt Johannes, um ihn anzuregen, ein Thema aus seinem philosophischen Arbeitsgebiet zur Erörterung. Er wird uns daraufhin sicher den gewünschten Aufschluß geben.

JOHANNES. Mich hat er schon oft genug angehört. Wenn du die Anregung gibst, wird er rascher darauf eingehen, denn dich betrachtet er mit freundlicher Miene und dich liebt er. Ich werde deinem Entschluß meine Unterstützung nicht versagen. Treten wir also näher zur Feuerstätte, dort sitzt er selbst und ist bereit, deinen Wünschen zu entsprechen.

KARDINAL. Tretet näher! Die ungewöhnlich heftige Kälte treibt uns zueinander und macht es verzeihlich, daß wir uns um das Feuer zusammensetzen.

BERNHARD. Da der Winter uns so hart bedrängt, willfahren wir gerne deiner Aufforderung.

KARDINAL. Ihr kommt mir nachdenklich vor und seid gewiß über etwas im unklaren. Laßt mich an eurem Bemühen teilhaben.

JOHANNES. Allerdings, wir haben Zweifel über eine Frage und hoffen, du wirst sie lösen. Wenn du erlaubst, wird Bernhard sie vortragen.

KARDINAL. Einverstanden.

BERNHARD. Ich habe mich mit dem Brief des Apostels Paulus an die Römer näher beschäftigt und dort gelesen, wie Gott den Menschen das offenbart, was ihnen von ihm bekannt ist. Und zwar sagt er, dies geschehe auf folgende Weise: »Das Unsichtbare an Gott ist seit Erschaffung der Welt in den erschaffenen Dingen kennbar und sichtbar, nämlich seine ewige Kraft und Gottheit.« Darüber bitten wir dich um Aufklärung.

KARDINAL. Wer könnte den Gedankengang des Paulus besser erklären als Paulus selbst? Das Unsichtbare, sagt er an einer anderen Stelle, ist das Ewige, das Zeitliche ist ein Abbild des Ewigen. Wenn wir die Schöpfung begreifen, schauen wir also gleichzeitig das Unsichtbare an Gott: seine Ewigkeit, Macht und Göttlichkeit. So wird die Erschaffung der Welt zu einer Offenbarung Gottes.

BERNHARD. Der Abt und ich wundern uns, daß man das Unsichtbare schauen kann.

KARDINAL. Es wird unsichtbar geschaut, wie die Vernunft, wenn sie das Gelesene aufnimmt, die unsichtbare, hinter dem Buchstaben verborgene Wahrheit unsichtbar wahrnimmt; ich sage ausdrücklich unsichtbar, das heißt geistig, da ja die unsichtbare Wahrheit als Gegenstand des Erkennens auf andere Weise nicht wahrgenommen werden kann.

BERNHARD. Wie aber wird diese Wahrnehmung aus der sichtbaren Schöpfung der Welt abgeleitet?

KARDINAL. Was ich mit den Augen wahrnehme, ist bekanntlich nicht aus sich selbst. Wie der Gesichtssinn aus eigener Kraft nichts unterscheidet, sondern das Unterscheidungsvermögen von einer übergeordneten Macht erhalten hat, so ist auch das sinnlich Wahrnehmbare nicht von sich aus, sondern ebenfalls vermöge einer höheren Macht. Deswegen sagte der Apostel, daß die Schöpfung der sichtbaren Welt uns gleichsam als Geschöpfe zum Schöpfer erhebe. Die Sinnenwelt wird durch den Gesichtssinn wahrnehmbar; daraus erkenne ich, daß sie von einer höheren Macht herstammt. Die Sinnenwelt ist begrenzt, was sie von sich aus nicht sein kann; denn wie hätte ein Begrenztes sich selbst die Grenze gesetzt? Die Macht, von der sie herstammt, kann ich somit nur als etwas Unsichtbares und Ewiges betrachten. Diese schöpferische Kraft ist nur als ewig zu denken. Denn wie gäbe es ein Sein von einer anderen Macht, außer sie wäre geschaffen? Ewig ist die Kraft, durch welche die Schöpfung der Welt besteht, und unsichtbar. Was wir sehen, ist ja Zeitliches, diese Kraft aber ist die schöpferische, unsichtbare Göttlichkeit des Alls.

BERNHARD. Vielleicht ist es so, wie du es erklärst. Paulus scheint aber damit von der Erkenntnis Gottes, die wir so heiß ersehnen, nur wenig zu eröffnen.

KARDINAL. Durchaus nicht wenig, sondern sehr viel. Der Apostel sagt, das Unsichtbare an Gott ist seit Erschaffung der Welt erkennbar und sichtbar. Nicht weil Gottes unsichtbares Wesen etwas anderes ist als der unsichtbare Gott, sondern weil an der Schöpfung der Welt vieles sichtbar ist, wovon ein jedes in dem ihm entsprechenden Urgedanken das unbedingte Dasein hat. Er lehrt daher, von einem beliebigen sichtbaren Geschöpf aufzusteigen zu dessen unsichtbarem Ursprung.

BERNHARD. Wir begreifen durchaus, daß wir von den Geschöpfen angeregt werden, ihr ewiges sinnvolles Sein an ihrem Urgrund zu betrachten. Der Apostel hätte dies ohne weiters deutlich ausdrücken können, falls er nicht etwas anderes gemeint hat. Wenn er für den, der nach tieferer Gotteserkenntnis brennt, etwas anderes sagen wollte, so bitten wir, es uns zu eröffnen.

KARDINAL. Ich glaube, sehr vieles, sehr Hohes und mir Verborgenes. Aber, wie ich jetzt annehme, wollte uns der Apostel darüber belehren, daß wir das, was wir am Geschöpf sehen, in Gott unsichtbar zu erfassen vermögen. Jedes Geschöpf, das in der Wirklichkeit ist, kann schlechterdings sein. Was nicht sein kann, ist nicht vorhanden. Daher ist Nichtsein gleichbedeutend mit Kein-Geschöpf-Sein. Sobald etwas Geschöpf ist, besteht es. Erschaffen heißt, etwas aus dem Nichtsein zum Sein bringen. Jedenfalls habe ich deutlich gezeigt: das Nichtsein selbst ist in keiner Weise Geschöpf. Das ist eine wichtige, bedeutungsvolle Erkenntnis. Folgerichtig behaupte ich nun weiter: da alles Vorhandene das sein kann, was es wirklich ist, so ersehen wir hieraus die reine Wirklichkeit, durch welche die wirklichen Dinge das sind, was sie sind. Wenn wir mit dem sinnlichen Auge weiße Gegenstände sehen, so schauen wir im Geiste das Weißsein, ohne das ein weißer Gegenstand nicht weiß ist. Da nun die Wirklichkeit wirklich ist, so kann sie sicherlich auch selbst sein, weil das Unmögliche nicht sein kann. Die reine Möglichkeit kann nichts anderes sein als das Können, so wie die unbedingte Wirklichkeit nichts anderes als das Wirkliche. Auch kann die unbeschränkte Möglichkeit, von der wir sprachen, nicht früher sein als die unbedingte Wirklichkeit; sie geht dieser nicht, wie sonst eine Möglichkeit ihrer Wirklichkeit voran. Wie wäre sie auch anders als durch das Wirkliche zur Wirklichkeit gelangt? Denn würde sich das Werdenkönnen selbst ins Wirkliche umsetzen, so wäre es wirklich, bevor es wirklich ist. Es geht daher die genannte unbeschränkte Möglichkeit, durch die alle wirklichen Dinge wirklich sein können, der Wirklichkeit nicht voran und folgt ihr auch nicht. Denn wie könnte die Wirklichkeit Wirklichkeit sein, wenn es keine Möglichkeit gäbe? Gleich ewig also sind die unbeschränkte Möglichkeit, Wirklichkeit und die Verbindung beider. Sie sind nicht als Mehrheit ewig, sondern sie sind ewig, weil sie die Ewigkeit selbst sind. Verhält sich das eurer Meinung nach so, oder ist es anders?

BERNHARD. Niemand Vernünftiger kann leugnen, daß es sich so verhält.

JOHANNES. Wenn ich die Sonne betrachte, kann ich ihre überströmende Lichtfülle nicht ableugnen. Ebenso klar erscheint mir das alles unter deiner Anleitung. Ich erwarte, daß du noch Großes daraus folgerst.

KARDINAL. Es genügt mir, wenn ich eurer Meinung nach nicht abirre. Ich werde also auf diesem Weg weitergehen. Ich will nun die Ewigkeit, die uns auf diese Weise sichtbar wird, den glorreichen Gott nennen und sage: jetzt steht für uns fest, daß Gott vor der Wirklichkeit, die von der Möglichkeit, und vor der Möglichkeit, die von der Wirklichkeit unterschieden ist, der *ein*fache Urgrund der Welt ist. Alles, was nach ihm kommt, vereint Möglichkeit und Wirklichkeit nicht in sich. Demnach *ist Gott* allein das, was er *sein kann*; keineswegs aber ist es das Geschöpf, da Möglichkeit und Wirklichkeit nirgends das gleiche sind, außer im Ursprung.

BERNHARD. Halte ein wenig ein, Vater, und löse mir einen Zweifel. Inwiefern sagst du, Gott sei das, was er sein kann? Es scheint mir nämlich, man kann auch von Sonne, Mond, Erde und jedem beliebigen Ding in gleicher Weise behaupten, es sei das, was es sein kann.

KARDINAL. Ich will jetzt in unbeschränkten und ganz allgemeinen Ausdrücken sprechen: da Möglichkeit und Wirklichkeit in Gott gleich sind, so ist Gott all das wirklich, an dem das Seinkönnen verwirklicht werden kann. Nichts kann sein, was Gott nicht ist. Das versteht man ohne weiteres, wenn man bedenkt, daß die unbeschränkte Möglichkeit zusammenfällt mit der Wirklichkeit. Nicht so bei der Sonne. Gewiß ist die Sonne wirklich das, was sie sein kann. Sie könnte aber auch anders sein, als sie wirklich ist.

BERNHARD. Fahre fort, Vater. Gewiß ist kein Geschöpf in Wirklichkeit alles das, was es sein kann. Gottes Schöpferkraft ist durch seine Schöpfertätigkeit keineswegs geschwächt. Er könnte aus einem Stein einen Menschen erwecken, jede Größe vermehren oder vermindern und überhaupt jedes Geschöpf in ein anderes und wieder anderes verwandeln.

KARDINAL. Ganz richtig. Da also Gott die Möglichkeit und Wirklichkeit schlechthin ist, die Verbindung beider und daher in Wirklichkeit alles Mögliche des Seins, so ist klar, daß er zusammengefaßt alles ist. Alles, was irgendwie ist oder sein kann, ist in ihm als dem Urgrund selbst enthalten, alles Erschaffene oder noch zu Erschaffende wird aus ihm entfaltet, in dem es zusammengefaßt ist.

JOHANNES. Obwohl ich diese Dinge schon öfter von dir vernommen habe, erscheinen sie mir doch immer wieder gewaltig und überaus schwierig, darum möge es dich nicht verdrießen, mir zu antworten. Meinst du, daß alle Geschöpfe, die durch die zehnerlei obersten Gattungsbegriffe (praedicamenta) Stoff, Menge, Beschaffenheit usw. gekennzeichnet werden, Geschöpfe in Gott sind?

KARDINAL. Ich will sagen: sie sind alle zusammengefaßt Gott in Gott, wie sie einzeln in der Schöpfung der Welt Welt sind.

JOHANNES. Gott ist wahrhaftig groß!

KARDINAL. Allerdings, und zwar so groß, daß seine Größe alles mitinbegreift, was sein kann. Denn er ist nicht groß in einer Größe, die größer sein, oder in einer Größe, die man teilen oder vermindern könnte, wie die erschaffene Menge, die nicht alles das ist, was sie sein kann.

BERNHARD. Wenn also Gott die unbeschränkte Größe hat, die, wie du sagst, weder größer noch kleiner sein kann, dann ist Gott gleicherweise die größte und die kleinste Größe.

KARDINAL. Es ist durchaus nicht falsch zu sagen, Gott sei nach beiden Seiten die Größe schlechthin, das heißt mit andern Worten die unbegrenzte und unteilbare Größe, die Wahrheit und das Maß aller endlichen Größe. Wie könnte sie um irgend etwas größer sein, da sie die größte ist und zugleich die kleinste? Oder um etwas kleiner, da sie die kleinste und zugleich die größte ist? Sie kommt daher aller Größe des Seins gleich. Da sie wirklich alles ist, was sie sein kann, kann sie auch allem Sein an sich gleichkommen.

BERNHARD. Alles recht und gut, aber wie ich sehe, werden weder Name noch Natur, noch irgend etwas von all dem, was der geschaffenen Größe zukommt, entsprechend von Gott ausgesagt; sie unterscheiden sich durch das Unendliche. Und vielleicht trifft das nicht allein bei der Größe zu, sondern auch bei allem andern, was von den Geschöpfen wahrheitsgemäß ausgesagt wird.

KARDINAL. Ganz richtig, Bernhard. Das gleiche meint auch der Apostel, wenn er zwischen den Geschöpfen und Gott einen Unterschied macht wie zwischen Sichtbarem und Unsichtbarem, die nach unserer Behauptung unermeßlich weit voneinander entfernt sind.

JOHANNES. Soweit ich es verstehe, umschließen diese wenigen Worte sehr viel. Denn wenn ich sage: aus der Schönheit der Geschöpfe ergibt sich die Schönheit Gottes, und weiß, daß Gott die größtmögliche Schönheit besitzt, die alles Schöne überhaupt darstellt, so weiß ich, daß nichts Schönes vom Weltall Gott mangelt: alle Schönheit, die erschaffen werden kann, ist nichts als ein entfernter, schwacher Abglanz, verglichen mit jener, die wirklich die Möglichkeit des Schönseins darstellt, die nichts anders sein kann als sie ist, nämlich alles das, was sie sein kann. Das gleiche gilt vom Guten, vom Leben usw. und auch von der Bewegung. Keine Bewegung ist begrenzt oder ist das, was sie sein kann, es sei denn, wenn sie zusammenfiele mit Gott, der gleicherweise die rascheste und langsamste Bewegung oder die größte Ruhe ist. – Das scheinst du wohl auch zu meinen. Aber ich bin nicht sicher, ob man ebenso sagen kann, Gott sei die Sonne, der Himmel, der Mensch und so fort.

KARDINAL. Man darf sich nicht auf Wörter versteifen. Wenn man sagt, Gott ist die Sonne, und dies nur von der Sonne meint, die in Wirklichkeit alles ist, was sie sein kann, dann scheint es klar, daß diese unsere Sonne nichts Gottähnliches ist. Diese den Sinnen wahrnehmbare Sonne befindet sich, während sie im Osten steht, nicht an irgendeinem anderen Teil des Himmels, wo sie sich ebenfalls befinden könnte, ist auch nicht gleichzeitig derart die größte und kleinste Sonne, daß sie nicht mehr und nicht minder sein könnte, ist auch nicht allerorten und überall, so daß sie nicht anderswo sein könnte, als sie tatsächlich ist, ist auch nicht alles, so daß sie nicht noch etwas anderes sein könnte, als sie ist. Genau so verhält es sich mit allen übrigen Geschöpfen. Es ist daher ganz gleichgültig, wie du Gott nennst, nur mußt du die Begriffe im Geiste auf das Seinkönnen übertragen, wie wir es jetzt getan haben.

BERNHARD. Ich verstehe. Du willst sagen, Gott ist alles, so daß er nichts anderes sein kann, als er ist. Wie läßt sich das aber erfassen?

KARDINAL. Jedenfalls wird man folgendes nachdrücklich festhalten müssen: Gott mangelt nichts von allem, das allgemein und unbedingt sein kann, weil er das Sein selbst ist, die Seinsheit des Möglichen und Wirklichen. Gott ist alles in allem; daher ist er derart alles, daß er nicht das eine mehr ist als das andere, weil er nicht eines ist, ohne zugleich ein anderes zu sein.

BERNHARD. Gib acht, daß du dir nicht selbst widersprichst. Du hast kurz vorher gesagt, Gott sei nicht die Sonne, und nun behauptest du, er sei alles.

KARDINAL. Ich habe ganz im Gegenteil gesagt, Gott ist die Sonne, aber nicht in der Seinsweise wie diese Sonne, die nicht ist, was sie sein könnte. Ihm, der ist, was er sein kann, fehlt durchaus nicht das Sonnesein, sondern er besitzt es in einer besseren, der vollkommensten, der göttlichen Form des Seins. Auch das Wesen der Hand hat in der Seele ein vollkommeneres Sein als in der Hand selber, weil sie in der Seele Leben hat und eine tote Hand keine Hand mehr ist. Das gleiche gilt vom ganzen Körper und den einzelnen Gliedern. Ebenso verhält sich auch das Weltall zu Gott, nur daß Gott nicht in der Weise Weltseele ist, wie die Seele des Menschen Seele, und nicht eine bestimmte Form, sondern Allform, Entstehungsgrund;

er dient als Form oder Urbild und bestimmt die Grenzen.

BERNHARD. Meint nicht Johannes der Evangelist, alles sei in Gott in der Weise Leben, wie du es von der Hand und von der Seele gesagt hast?

KARDINAL. Ich glaube, dort wird Gott »der Weg, die Wahrheit und das Leben« genannt. Denn wenn alle Dinge erst sind, nachdem sie durch eine Grundform gestaltet werden, dann haben die Formen in der Urgestalt ein wahrhaftigeres und lebendigeres Sein als in der Materie. Ein Ding kann nicht bestehen, wenn es nicht wahrhaft und lebendig in seiner Art ist. Wenn das fehlt, hört auch das Sein auf. Daher ist es auch wahrhaftiger in der Urform als in sich. Erst dort ist es vollkommen wahr und lebendig.

JOHANNES. Vater, du unterweisest uns aufs allerbeste. Mir scheint, du leitest aus dem Einen alles ab. Gott ist also alles, so daß er nichts anderes sein kann. Er ist auch derart das entsprechendste Maß aller Dinge, daß es kein passenderes geben kann. Das gleiche gilt von der Form, der Seinsart und dem übrigen. Auf diesem Wege ist es unschwer zu ersehen: Gott ist unabhängig von jeder Gegensätzlichkeit. Was uns als gegensätzlich erscheint, ist in ihm gleichartig. Der Bejahung in ihm wird keine Verneinung entgegengesetzt usw.

KARDINAL. Abt, du hast die Frage im Kern erfaßt. Siehe, dieses Problem, das trotz vieler Unterredungen unerklärlich bleiben kann, läßt sich in einem ganz kurzen Wort zusammenfassen. Ein Ausdruck soll auf die einfachste Art bezeichnen, wie groß dieses allumfassende Können ist, d. h. was das Können selbst ist. Und weil nun das, was ist, wirklich ist, so bedeutet das Wort Seinkönnen soviel wie Wirklichsein-Können. Man nenne daher die Zusammenfassung von Können und Wirklichkeit das »Possest«. Dies ist nach menschlichem Begriff ein ziemlich passender Name für Gott. Es ist ein Name für die Gesamtheit und die einzelnen Namen, und gleichzeitig für keinen. Als Gott daher am Anfang die Erkenntnis seiner selbst offenbaren wollte, sprach er: »Ego Deus omnipotens«, »Ich bin der allmächtige Gott«, d. h., ich bin die Wirklichkeit alles Vermögens. Und an anderer Stelle: »Ego sum qui sum«, »Ich bin, der ich bin.« Denn er ist, der er ist. Was nämlich noch nicht das ist, was überhaupt sein oder erkannt werden kann, ist nicht das wahre Unbedingte. Der Grieche aber sagt: »Ich bin die Seinsheit«, »Entitas«, wo wir sagen: »Ich bin, der ich bin.« Er ist die Form des Seins oder die Gestalt der alles gestaltenden Gestalt. Das Geschöpf jedoch, das nicht alles das ist, was es ein kann, ist einfach nicht vorhanden. Gott allein ist vollkommen und vollendet. Dieser Name führt daher den Betrachter über alle Sinnesvermögen, Verstand und Vernunft zur mystischen Anschauung, wo der Ausgangspunkt, der Aufstieg jeder erkennenden Macht ist, der Anfang der Offenbarung des unbekannten Gottes. Der Wahrheitsucher läßt alles hinter sich und steigt über sich selbst auf, bis er bemerkt, daß es keine weitere Aufstiegsmöglichkeit zu dem unsichtbaren Gott mehr gibt. Er sieht, daß Gott ihm unsichtbar bleibt, weil er durch kein Licht der Vernunft sichtbar wird; dann erwartet der Wahrheitsucher in demütigstem Verlangen jenen Allmächtigen allein, damit sein Erscheinen die Finsternis verscheuche und den Geist erleuchte, und der Unsichtbare so weit sichtbar werde, wie er sich offenbaren will. – So verstehe ich das Wort des Apostels, Gott werde seit Erschaffung der Welt erkannt. Es geschieht dann, wenn wir die Welt selbst als Schöpfung erkennen, über sie hinausgehen und ihren Schöpfer suchen: sie offenbart ihn den Suchenden, die mit allen Kräften an ihn glauben.

JOHANNES. Der Weg, den du uns Erdenkinder führst, Vater, geht über die Welt hinaus. Entschuldige, wenn ich in deiner Gegenwart Bernhard frage: Sage mir, eifriger Mann, ob du die Ausführungen verstanden hast?

BERNHARD. Hoffentlich einiges, aber zu wenig.

JOHANNES. Wie verstehst du es, daß im Seinkönnen alles inbegriffen ist?

BERNHARD. So, daß Können einfach jedes Können bedeutet. Daraus folgt: wenn ich jedes Seinkönnen in Wirklichkeit sehen könnte, bliebe nichts weiter übrig. Wenn nämlich irgend etwas anderes übrigbliebe, so könnte es eben *sein* und würde nicht übrigbleiben, weil es früher mitinbegriffen worden wäre.

JOHANNES. Ganz richtig. Denn wenn es kein Seinkönnen gibt, so kann nichts bestehen; gibt es dagegen ein solches, dann sind alle Dinge das, was sie in ihm sind, und außer ihm nichts. Daher ist alles Geschaffene in ihm von Ewigkeit her notwendig gewesen. Was geschaffen wurde, war jederzeit im Seinkönnen enthalten, ohne das nichts geschaffen ist. Es ist klar, daß das Seinkönnen alles Sein umfaßt, weil es nichts anderes gibt und nichts anderes werden kann, was in ihm nicht eingeschlossen würde. In ihm sind und begegnen sich demnach alle Dinge, in ihm sind sie das, was sie sind, mögen sie was immer sein. – Aber wie verstehst du, daß der Aufsteigende sich über sich selbst stellen müsse?

BERNHARD. Weil keine Stufe der Erkenntnis dorthin führt. Weder die Reichweite der Empfindung noch das Vorstellungsvermögen erfassen es; denn es ist eine Einheit; und was weder kleiner noch größer sein kann, was durch kein Sinnesvermögen geteilt oder verdoppelt werden kann, wird auch durch die weiteste und schärfste Einbildungskraft nicht erreicht. Selbst die erhabenste Einsicht kann das Unendliche und Unbestimmte nicht erfassen, das Eine und Alles, und gar wenn der Unterschied des Gegensatzes fehlt. Wenn die Vernunft dem Erkennbaren sich nicht anzugleichen vermag, erkennt sie es nicht. Erkennen heißt ja angleichen und das Wahrnehmbare an sich selbst, d. h. geistig, messen; dieser Vorgang ist aber bei dem, das ist, was es sein kann, unmöglich. Denn es ist schlechthin unermeßlich, da es nicht größer sein könnte. Wie kann man es daher durch die Vernunft erkennen, die niemals so groß ist, daß sie nicht noch größer sein könnte?

JOHANNES. Tiefer, als ich geglaubt hätte, bist du in die Ausführungen unseres Vaters eingedrungen. Das letzte überzeugt mich: der Aufsteigende muß alles zurücklassen und über den Bereich seiner Vernunft hinausschreiten, weil die unendliche Macht durch eine begrenzte Macht nicht erfaßt werden kann.

KARDINAL. Ich freue mich über euren Fortschritt, und weil ich zu Menschen rede, die meine Ausführungen verständnisvoll und dankbar aufnehmen.

BERNHARD. Obgleich ich sicherlich aus den vorangegangenen Ausführungen für alle Zeit hinlänglich Stoff hätte, um die Erörterungen auszudehnen und weiter zu entwickeln, würden wir dennoch wünschen, durch ein sinnfälliges Bild angeleitet zu werden, zunächst, auf welche Weise im Ewigen zugleich alles und im gegenwärtigen Augenblick die ganze Ewigkeit enthalten ist, damit wir nach Betrachtung dieses Bildes aufsteigen und uns über alles Sinnliche erheben.

KARDINAL. Ich will es versuchen. Uns allen ist, nehme

ich an, aus eigener Anschauung das Kinderspiel mit dem
Kreisel bekannt: ein Knabe wirft den Tanzknopf und
zieht ihn gleichzeitig im Vorwärtswerfen an einer Saite,
mit der er ihn umwickelt hatte, zurück. Je mächtiger die
Kraft des Armes ist, desto rascher dreht sich der Kreisel
herum, so zwar, daß er bei stärkerer Bewegung zu stehen
und zu ruhen scheint. Die Jungen sagen dann: »Er ruht
und schläft.« Zeichnen wir dem obigen Spielkreisel ent-
sprechend einen Kreis b c, der sich um a dreht. Und dazu
einen anderen Kreis d e, der fest ist. Würde nicht der be-
wegliche Kreis, je schneller er sich dreht, sich um so we-
niger zu bewegen scheinen?
BERNHARD. Gewiß, das haben wir als Jungen gesehen.

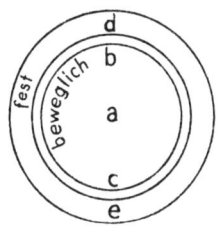

KARDINAL. Ich setze nun den Fall, das Bewegtwerden-
können wäre in diesem Kreise wirklich – genauer, er be-
wege sich tatsächlich mit der größtmöglichen Geschwin-
digkeit. Würde er dabei nicht vollständig ruhen?
BERNHARD. Es könnte bei der jähen Geschwindigkeit
keine Aufeinanderfolge mehr bemerkt werden. Und we-
gen des Ausbleibens der Aufeinanderfolge könnte man
keinerlei Bewegung wahrnehmen.

JOHANNES. Wenn die Bewegung die höchstmögliche Geschwindigkeit erreicht hätte, wären die Punkte b und c gleichzeitig auch beim Punkt d des festen Kreises; sonst wäre der Punkt b zeitlich früher als c, und nicht die größtmögliche und unendliche Bewegung vorhanden. Dann aber wäre es keine Bewegung mehr, sondern Ruhe: die beiden Punkte würden sich niemals vom festen Punkt d entfernen.

KARDINAL. Ganz richtig, Abt. Die größte Bewegung wäre zugleich die kleinste und gar keine.

BERNHARD. Das muß wohl so sein.

KARDINAL. Sind in diesem Falle nicht die entgegengesetzten Punkte b c immer bei d und zugleich immer auch eins mit dessen Gegensatz, nämlich e?

JOHANNES. Notgedrungen.

KARDINAL. Und nicht ebenso alle zwischen b und c liegenden Punkte des Kreises b c?

JOHANNES. Ebenso.

KARDINAL. Der ganze Kreis also, auch der größtmögliche, wäre in jedem Augenblick gleichzeitig beim Punkte d, selbst wenn d der kleinste Punkt wäre, und nicht allein bei d, sondern bei jedem Punkte des Kreises d e.

JOHANNES. So ist es.

KARDINAL. Es genügt, daß man sich dieses zum Bild Gehörige gleichnishaft irgendwie vorstellen kann: wenn der Kreis b c die Ewigkeit ist, ein zweiter d e die Zeit, läßt sich darüber nicht streiten, daß die Ewigkeit in jedem Zeitpunkt erfüllt ist, und Gott der Ursprung und das Ende, das Ganze in allem usw.

BERNHARD. Ich sehe bis jetzt das Eine, und das ist fürwahr groß.

JOHANNES. Was ist das?

BERNHARD. Daß in Gott irdische Gegensätze in keiner

Weise fortbestehen: als entgegengesetzte Punkte sind d und e um die Länge des Kreisdurchmessers voneinander getrennt, nicht aber in Gott. Denn wenn Punkt b zu d kommt, so ist er zugleich bei e. So ist alles, was in dieser Welt zeitlich getrennt ist, gegenwärtig vor Gott; und was hier durch Gegensätze getrennt ist, ist dort verbunden, und was hier verschieden, ist dort gleich.

JOHANNES. Als gesichert kann also die Erkenntnis gelten: Gott ist über aller Verschiedenheit, Mannigfaltigkeit, Andersheit, Zeit, über jedem Ort und Gegensatz.

KARDINAL. Nun versteht ihr leichter, wie ihr die verschiedenen Meinungen der Gotteslehrer miteinander in Einklang bringen könnt. Der eine von ihnen sagt: die Weisheit, die Gott ist, sei beweglicher als alles Bewegliche, das »Wort« laufe schnell, durchdringe alles, reiche von Ende zu Ende und schreite zu allem vor. Ein anderer wieder behauptet: der erste Urgrund sei fest, unbeweglich, stehe in beständiger Ruhe, wenngleich er alles in Bewegung setze. Ein dritter sagt, daß der Urgrund zugleich stehe und vorwärtsschreite. Und wieder andere, daß er weder stehe noch sich bewege. So behaupten die einen, er sei allgemein an jedem, die anderen, er sei im besonderen an einem beliebigen Ort, andere behaupten beides, wieder andere keines von beiden. Man begreift dieses und ähnliches leichter mit Hilfe des angeführten Bildes, obwohl alle diese Dinge unvergleichlich besser in Gott sind – Gott selbst ist ja einfach –, als man es durch das angeführte Beispiel und die höchste Erhebung eines jeden verstehen kann.

BERNHARD. Auch bei den ewigen Urbildern der Dinge, die in den Erscheinungen verschieden sind und voneinander abweichen, ist es wahrscheinlich, daß sie in Gott gleich sind. Wenn man die Punkte des Kreises b c als Urbilder oder Ideen der Dinge auffaßt, so sind es nicht mehrere, weil ja der ganze Kreis und der Punkt ein und dasselbe sind. Sobald b bei d ist, ist der ganze Kreis bei d und alle seine Punkte sind *ein* Punkt, wenngleich es mehrere scheinen, sobald wir auf den Kreis d e, der die Zeit darstellt, und seine Punkte zurückblicken.

KARDINAL. Ihr seid auf dem besten Weg zu einer ebenso umfassenden wie scharfsinnigen Gottesgelehrsamkeit. Wir könnten noch mehr schöne Erkenntnisse aus der Bewegung des Spielkreisels erfassen, etwa: auf welche Weise der Knabe, der den abgestorbenen oder bewegungslosen Kreisel lebendig machen will, ihm das Abbild seines Gedankens aufdrückt, durch ein erfundenes Werkzeug seiner Vernunft, senkrechte und gleichzeitig seitwärts gerichtete Bewegung der Hände, oder indem er dem Tanzknopf gegen seine Natur die Bewegung des Abstoßens und der Anziehung aufzwingt. Auch wenn der Kreisel nur die Schwerpunkts-Bewegung gegen den Mittelpunkt hätte, würde sie bewirken, daß er sich kreisförmig bewegt wie der Himmel. Dieser bewegende Geist ist dem Spielkreisel, wenn auch unsichtbar, zu eigen, und zwar lang oder kurz, je nach der Einwirkung der mitgeteilten Kraft. Hört diese Kraft auf, den Spielkreisel zu drehen, so kehrt er in die frühere Lage zurück, zur Bewegung gegen den Mittelpunkt. Ist hier nicht eine Ähnlichkeit mit dem Schöpfer vorhanden, der den Geist des Lebens dem Leblosen geben will? Wie er dieses Geben vorausbestimmt hat, so werden mittels der Bewegung die Himmelskörper als Werkzeuge seiner Willensführung durch richtig gerichteten Antrieb von Osten nach Westen und zurück von Westen nach Osten bewegt, wie die Sternkundigen wissen. Und der Geist des Lebens, vom irdischen Zodiakus dem Tierkreis mit seinen Sternbildern eingeprägt, bewegt lebendig, was das Leben von sich aus entbehrt hat. Das Geschöpf ist belebt, solange der Geist in ihm dauert, dann kehrt es zurück in seine Heimat, die Erde. Solche und ähnliche schöne Dinge mehr, die allerdings nicht Gegenstand der gegenwärtigen Untersuchung sind, lassen sich durch dieses Kinderspiel veranschaulichen. Ich wollte das alles wenigstens flüchtig erwähnen, damit ihr einseht, wie auch in der Geschicklichkeit der Knaben die Natur hervorleuchtet und Gott in ihr, und wie die Weisen der Welt mit diesen Erwägungen zu richtigeren Urteilen über die erkennbaren Dinge gelangt sind.

FRANÇOIS VILLON

Ballade

Sagt mir doch wo, in welchem Land,
ist Flora, schönste Römerin,
wo Archipiades und Thaïs,
die ihre Base ersten Grades,
wo Echo, die zu uns nur spricht,
wenn überm Fluß und Teich wir lärmen,
die übermenschlich schön gewesen?
Wo ist der Schnee vom letzten Jahr?

Wo ist die kluge Heloïse,
für die entmannt und Mönch geworden
Pierre Abälard in Saint Denis?

Dies war der Lohn für seine Liebe!
Wo, frag ich, ist die Königin,
die den Befehl gab, Buridan
im Sack zu werfen in die Seine?
Wo ist der Schnee vom letzten Jahr?

Die Königin Blanche, lilienweiß,
die lieblich sang wie die Sirene
und Berta Klumpfuß, Bietrix, Aliz,
wo Erembourg, Herrin von Maine,
Johanna aus Lothringerland,
von England in Rouen verbrannt,
wo sind sie, Jungfrau-Königin?
Wo ist der Schnee vom letzten Jahr?

Fragt, Fürst, mich doch nicht wochenlang,
wo sie geblieben, auch kein Jahr,
sonst muß ich Euch den Kehrreim nennen:
Wo ist der Schnee vom letzten Jahr?

MICHEL DE MONTAIGNE

Alles in uns ist wie der Wind

Ich lege also Wert darauf, jedes einzelne Schöne im Leben bewußt zu erfassen; und doch finde ich, wenn ich genau hinsehe, eigentlich weiter nichts darin als Wind. Warum nicht? Alles in uns ist wie der Wind: und dazu ist der Wind noch klüger als wir: er freut sich, wenn er rauschen und wehen darf; er begnügt sich mit seiner Bestimmung, und es verlangt ihn nicht nach Eigenschaften, die er eben nicht hat, nach Beständigkeit und Dauer.

*

»Das Leben des Toren ist unfruchtbar und unruhig; alles wird in der Zukunft gesucht« (Seneca). Und doch richte ich mich darauf ein, daß ich mich zu gegebener Zeit leidlos von ihm trennen kann; aber deshalb, weil das Leben seinem Wesen nach vergänglich, nicht weil es mir lästig und widerwärtig ist. Den Tod nicht zu verneinen, steht deshalb eigentlich nur denen wohl an, die das Leben bejahen. ...
Gern und dankbar nehme ich hin, was die Natur für mich getan hat; ich finde mich damit ab und schicke mich darein. Sie ist eine große, eine allmächtige Spenderin; Unrecht tut, wer ihre Spende ablehnt, sie unwirksam macht und sie verfälscht: gib dich zufrieden! Die Natur hat alles gut gemacht. »Alles, was der Natur entspricht, ist wertvoll« (Cicero).

Hamlet

Ein Kirchhof

Ein Totengräber hebt ein Grab aus und singt dabei. Hamlet und Horatio nähern sich.

TOTENGRÄBER.
> In jungen Tagen ich lieben tät,
> Das dünkte mir so süß.
> Die Zeit zu verbringen, ach früh und spät,
> Behagte mir nichts wie dies.

HAMLET. Hat dieser Kerl kein Gefühl von seinem Geschäft? Er gräbt ein Grab und singt dazu.

HORATIO. Die Gewohnheit hat es ihm zu einer leichten Sache gemacht.

HAMLET. So pflegt es zu sein; je weniger eine Hand verrichtet, desto zarter ist ihr Gefühl.

TOTENGRÄBER *(singt)*.
> Doch Alter mit dem schleichenden Tritt
> Hat mich gepackt mit der Faust
> Und hat mich weg aus dem Lande geschifft,
> Als hätt' ich da nimmer gehaust.
> *(Wirft einen Schädel hinauf.)*

HAMLET. Der Schädel hatte einmal eine Zunge und konnte singen: wie ihn der Schuft auf den Boden schleudert, als wär' es der Kinnbacken Kains, der den ersten Mord beging! Dies mochte der Kopf eines Politikers sein, den dieser Esel nun überlistet; eines, der Gott den Herrn hintergehn wollte: nicht wahr?

HORATIO. Es ist möglich.

HAMLET. Oder eines Hofmannes, der sagen konnte: »Guten Morgen, geliebtester Prinz! Wie geht's, bester Prinz?« Dies mochte der gnädige Herr der und der sein, der des gnädigen Herrn des und des Pferd lobte, wenn er es gern zum Geschenk gehabt hätte: nicht wahr?

HORATIO. Ja, mein Prinz.

HAMLET. Ja ja, und nun Junker Wurm; eingefallen und mit einem Totengräberspaten um die Kinnbacken geschlagen. Das ist mir eine schöne Verwandlung, wenn wir nur die Kunst besäßen, sie zu sehen. Haben diese Knochen nicht mehr zu unterhalten gekostet, als daß man Kegel mit ihnen spielt? Meine tun mir weh, wenn ich dran denke.

TOTENGRÄBER *(singt).*

> Ein Grabscheit und ein Spaten wohl,
> Samt einem Kittel aus Lein,
> Und oh, eine Grube, gar tief und hohl,
> Für solchen Gast muß sein.
> *(Wirft einen zweiten hinauf.)*

HAMLET. Da ist wieder einer: warum könnte das nicht der Schädel eines Rechtsgelehrten sein? Wo sind nun seine Klauseln, seine Praktiken, seine Fälle und seine Kniffe? Warum leidet er nun, daß dieser grobe Flegel ihn mit einer schmutzigen Schaufel um den Hirnkasten schlägt, und droht nicht, ihn wegen Tätlichkeiten zu belangen? Hum! Dieser Geselle war vielleicht zu seiner Zeit ein großer Käufer von Ländereien, mit seinen Hypotheken, seinen Grundzinsen, seinen Kaufbriefen, seinen Gewährsmännern, seinen gerichtlichen Auflassungen. Werden ihm seine Gewährsmänner nichts mehr von seinen erkauften Gütern gewähren, als die Länge und Breite von ein paar Kontrakten? Sogar die Übertragungsurkunden seiner Ländereien können kaum in diesem Kasten liegen: und soll der Eigentümer selbst nicht mehr Raum haben? He?

HORATIO. Nicht ein Tüttelchen mehr, mein Prinz.

HAMLET. Wird nicht Pergament aus Schaffellen gemacht?

HORATIO. Ja, mein Prinz, und aus Kalbsfellen auch.

HAMLET. Schafe und Kälber sind es, die darin ihre Sicherheit suchen. Ich will diesen Burschen anreden. – Wessen Grab ist das, heda?

TOTENGRÄBER. Meines, Herr. *(Singt.)*

Und oh, eine Grube, gar tief und hohl,
Für solchen Gast muß sein.

HAMLET. Ich glaube wahrhaftig, daß es deines ist, denn du liegst darin.

TOTENGRÄBER. Ihr liegt draußen, Herr, und also ist's nicht Eures; ich liege nicht darin, und doch ist es meines.

HAMLET. Du lügst darin, weil du darin bist und sagst, daß es deines ist. Es ist aber für die Toten, nicht für die Lebendigen: also lügst du.

TOTENGRÄBER. 's ist eine lebendige Lüge, Herr, sie will von mir weg, zu Euch zurück.

HAMLET. Für was für einen Mann gräbst du es?

TOTENGRÄBER. Für keinen Mann.

HAMLET. Für was für eine Frau denn?

TOTENGRÄBER. Auch für keine.

HAMLET. Wer soll denn darin begraben werden?

TOTENGRÄBER. Eine gewesene Frau, Herr; aber, Gott hab sie selig! sie ist tot.

HAMLET. Wie keck der Bursch ist! Wir müssen nach der

Schnur sprechen, oder er sticht uns mit Silben zu Tode. Wahrhaftig, Horatio, ich habe seit diesen drei Jahren darauf geachtet: das Zeitalter wird so spitzfindig, daß der Bauer dem Hofmann auf die Fersen tritt. – Wie lange bist du schon Totengräber?

TOTENGRÄBER. Von allen Tagen im Jahre kam ich just den Tag dazu, da unser voriger König Hamlet den Fortinbras überwand.

HAMLET. Wie lange ist das her?

TOTENGRÄBER. Wißt Ihr das nicht? Das weiß jeder Narr. Es war denselben Tag, wo der junge Hamlet geboren ward, der nun toll geworden und nach England geschickt ist.

HAMLET. Ei so! Warum haben sie ihn nach England geschickt?

TOTENGRÄBER. Nu, weil er toll war. Er soll seinen Verstand da wiederkriegen; und wenn er ihn nicht wiederkriegt, so tut's da nicht viel.

HAMLET. Warum?

TOTENGRÄBER. Man wird's ihm da nicht viel anmerken: die Leute sind da ebenso toll, wie er.

HAMLET. Wie wurde er toll?

TOTENGRÄBER. Seltsam genug, sagen sie.

HAMLET. Wie, seltsam?

TOTENGRÄBER. Mein Seel, just dadurch, daß er den Verstand verlor.

HAMLET. Kennt Ihr den Grund?

TOTENGRÄBER. Freilich, dänischer Grund und Boden. Ich bin hier seit dreißig Jahren Totengräber gewesen, in jungen und alten Tagen.

HAMLET. Wie lange liegt wohl einer in der Erde, eh' er verfault?

TOTENGRÄBER. Mein' Treu, wenn er nicht schon vor dem Tode verfault ist (wie wir denn heutzutage viele lustsieche Leichen haben, die kaum bis zum Hineinlegen halten), so dauert er Euch ein acht bis neun Jahr aus; ein Lohgerber neun Jahre.

HAMLET. Warum der länger als ein andrer?

TOTENGRÄBER. Ei, Herr, sein Gewerbe gerbt ihm das Fell so, daß es eine lange Zeit das Wasser abhält, und das Wasser richtet so 'ne Blitzleiche verteufelt zugrunde. Hier ist ein Schädel, der Euch dreiundzwanzig Jahre in der Erde gelegen hat.

HAMLET. Wem gehört er?

TOTENGRÄBER. Einem unklugen Blitzkerl. Wer denkt Ihr, daß es war?

HAMLET. Ja, ich weiß nicht.

TOTENGRÄBER. Das Wetter über den unklugen Schalk! Er goß mir einmal eine Flasche Rheinwein über den Kopf. Dieser Schädel da war Yoricks Schädel, des Königs Spaßmacher.

HAMLET. Dieser? *(Nimmt den Schädel.)*

TOTENGRÄBER. Ja, ja, eben der.

HAMLET. Ach, armer Yorick! – Ich kannte ihn, Horatio, ein Bursche von unendlichem Humor, voll von den herrlichsten Einfällen. Er hat mich tausendmal auf dem Rücken getragen, und jetzt, wie schaudert meiner Einbildungskraft davor! Mir wird ganz übel. Hier hingen diese Lippen, die ich geküßt habe, ich weiß nicht wie oft. Wo sind nun deine Schwänke? deine Sprünge? deine Lieder, deine Blitze von Lustigkeit, wobei die ganze Tafel in Lachen ausbrach? Ist jetzt keiner da, der sich über dein eignes Grinsen aufhielte? Alles weggeschrumpft? Nun begib dich in die Kammer der gnädigen Frau, und sage ihr, wenn sie auch einen Finger dick auflegt: so 'n Gesicht muß sie endlich bekommen; mach sie damit zu lachen! – Sei so gut, Horatio, sage mir dies eine.

HORATIO. Und was, mein Prinz?

HAMLET. Glaubst du, daß Alexander in der Erde solchergestalt aussah?

HORATIO. Geradeso.

HAMLET. Und so roch! pah! *(Wirft den Schädel hin.)*

HORATIO. Geradeso, mein Prinz.

HAMLET. Zu was für schnöden Bestimmungen wir kommen, Horatio! Warum sollte die Einbildungskraft nicht den edlen Staub Alexanders verfolgen können, bis sie ihn findet, wo er ein Spundloch verstopft?

HORATIO. Die Dinge so betrachten, hieße sie allzu genau betrachten.

HAMLET. Nein, wahrhaftig, im geringsten nicht. Man könnte ihm bescheiden genug dahin folgen und sich immer von der Wahrscheinlichkeit führen lassen. Zum Beispiel so: Alexander starb, Alexander ward begraben, Alexander verwandelte sich in Staub; der Staub ist Erde; aus Erde machen wir Lehm: und warum sollte man nicht mit dem Lehm, worein er verwandelt ward, ein Bierfaß stopfen können?

Der große Cäsar, tot und Lehm geworden,
Verstopft ein Loch wohl vor dem rauhen
        Norden.
O daß die Erde, der die Welt gebebt,
Vor Wind und Wetter eine Wand verklebt.

Sonett LX

Wie wogen drängen nach dem steinigen strand
Ziehn unsre stunden eilig an ihr end
Und jede tauscht mit der die vorher stand
Mühsamen zugs nach vorwärts nötigend.

Geburt · einstmals in einer flut von licht ·
Kriecht bis zur reife .. kaum damit geschmückt ·
Droht schiefe finstrung die den glanz durchbricht
Und Zeit die gab hat ihr geschenk entrückt.

Zeit sticht ins grün der jugend ihre spur
Und höhlt die linie in der schönheit braue ·
Frisst von den kostbarkeiten der natur ..
Nichts ist worein nicht ihre sense haue.

Doch hält mein vers für künftig alter stand ·
Preist deinen wert trotz ihrer grimmen hand.

GEORG RUDOLF WECKHERLIN

Die Lieb ist Leben vnd Tod

Das Leben so ich führ ist wie der wahre Tod /
Ja über den Tod selbs ist mein trostloses Leben:
Es endet ja der Tod des menschen pein vnd Leben /
Mein Leben aber kan nicht enden diser Tod.

Bald kan ein anblick mich verlötzen auf den Tod /
Ein andrer anblick bald kan mich widrumb beleben /

Daß ich von blicken muß dan sterben vnd dan leben /
Vnd bin in einer stund bald lebendig bald tod.

Ach Lieb! verleyh mir doch numehr ein anders leben /
Wan ich ja leben soll / oder den andern tod /
Dan weder disen tod lieb ich / noch dises leben.

Verzeih mir / Lieb / ich bin dein lebendig vnd tod /
Vnd ist der tod mit dir ein köstlich-süsses leben /
Vnd leben von dir fern ist ein gantz bittrer tod.

MARTIN OPITZ

Ode

Ich empfinde fast ein grawen
    Das ich / Plato / für vnd für
    Bin gesessen vber dir;
    Es ist zeit hienauß zue schawen /
    Vnd sich bey den frischen quellen
    In dem grünen zue ergehn /
    Wo die schönen Blumen stehn /
    Vnd die Fischer netze stellen.
Worzue dienet das studieren /
    Als zue lauter vngemach?
    Vnter dessen laufft die Bach
    Vnsers lebens das wir führen
    Ehe wir es innen werden /
    Auff jhr letztes ende hin;

Dann kômpt (ohne geist vnd sinn)
Dieses alles in die erden.
Hola / Junger / geh' vnd frage
Wo der beste trunck mag sein;
Nim den Krug / vnd fûlle Wein.
Alles trawren leidt vnd klage /
Wie wir Menschen tâglich haben
Eh' vns Clotho fortgerafft
Wil ich in den sûssen safft
Den die traube giebt vergraben.
Kauffe gleichfals auch melonen /
Vnd vergiß des Zuckers nicht;
Schawe nur das nichts gebricht.
Jener mag der heller schonen /
Der bey seinem Gold vnd Schâtzen
Tolle sich zue krencken pflegt
Vnd nicht satt zue bette legt;
Ich wil weil ich kan mich letzen.
Bitte meine guete Brûder
Auff die music vnd ein glaß
Nichts schickt / dûnckt mich / nicht sich baß
Als guet tranck vnd guete Lieder.
Laß ich gleich nicht viel zue erben /
Ey so hab' ich edlen Wein;
Wil mit andern lustig sein /
Muß ich gleich alleine sterben.

Wie? ist die Liebe nichts? was liebt man denn im
      Lieben?
Was aber? Alles? Nein. wer ist vergnůgt mit ihr?
Nicht Wasser. sie erglůt die Hertzen fůr und fůr.
Auch Fewer nicht. warumb? was ist fůr Flammen
      blieben?
  Was denn? Gut? aber sagt / woher kőmpt ihr
      betrůben?
Denn Bőse? mich důnckts nicht. nichts solches macht
      Begier.
Denn Leben? nein. wer liebt / der stirbt ab seiner Zier.
Und wird bey Leben schon den Todten zugeschrieben.
  So wird sie todt denn seyn? nichts minder / als diß
      eben.
Was tod ist / das bleibt todt. aus Liebe kompt das Leben.
Ich weiß nicht / wer mir sagt / was? wie? wo? oder
      wenn?
  Ist nun die Liebe nicht Nichts? Alles? Wasser? Fewer?
Gut? Bőse? Leben? Todt? Euch frag' ich / newe Freyer
Sagt ihr mirs / wenn ihrs wisst: was ist die Liebe denn?

CHRISTIAN HOFMANN VON HOFMANNSWALDAU

Die Welt

Was ist die Welt / und ihr berühmtes gläntzen?
Was ist die Welt und ihre gantze Pracht?
Ein schnöder Schein in kurtzgefasten Gräntzen /
Ein schneller Blitz bey schwartzgewölckter Nacht.
Ein bundtes Feld / da Kummerdisteln grünen;
Ein schön Spital / so voller Kranckheit steckt.
Ein Sclavenhauß / da alle Menschen dienen /
Ein faules Grab / so Alabaster deckt.
Das ist der Grund / darauff wir Menschen bauen /
Und was das Fleisch für einen Abgott hält.
Komm Seele / komm / und lerne weiter schauen /
Als sich erstreckt der Zirckel dieser Welt.
Streich ab von dir derselben kurtzes Prangen /
Halt ihre Lust vor eine schwere Last.
So wirstu leicht in diesen Port gelangen /
Da Ewigkeit und Schönheit sich umbfast.

Vergänglichkeit der schönheit

Es wird der bleiche tod mit seiner kalten hand
Dir endlich mit der zeit umb deine brüste streichen /
Der liebliche corall der lippen wird verbleichen;
   Der schultern warmer schnee wird werden kalter
               sand /
   Der augen süsser blitz / die kräffte deiner hand /
Für welchen solches fällt / die werden zeitlich
               weichen /
Das haar / das itzund kan des goldes glantz
               erreichen /
   Tilgt endlich tag und jahr als ein gemeines band.
Der wohlgesetzte fuß / die lieblichen gebärden /
Die werden theils zu staub / theils nichts und nichtig
               werden /
   Denn opfert keiner mehr der gottheit deiner pracht.
Diß und noch mehr als diß muß endlich untergehen /
Dein hertze kan allein zu aller zeit bestehen /
   Dieweil es die natur aus diamant gemacht.

ANDREAS GRYPHIUS

Es ist alles Eitel

Dv sihst / wohin du sihst nur Eitelkeit auff Erden.
  Was diser heute baut / reist jener morgen ein:
  Wo itzund Städte stehn / wird eine Wisen seyn /
Auff der ein Schäfers-Kind wird spilen mit den Herden:
Was itzund prächtig blüht / sol bald zutretten werden.
  Was itzt so pocht und trotzt ist Morgen Asch und
      Bein /
  Nichts ist / das ewig sey / kein Ertz / kein Marmor-
      stein.
Itzt lacht das Glück uns an / bald donnern die Beschwer-
      den.
  Der hohen Thaten Ruhm muß wie ein Traum vergehn.
  Soll denn das Spil der Zeit / der leichte Mensch
      bestehn?
Ach! was ist alles diß / was wir vor köstlich achten /
  Als schlechte Nichtikeit / als Schatten / Staub und
      Wind;
  Als eine Wisen-Blum / die man nicht wider find't.
Noch wil was Ewig ist kein einig Mensch betrachten!

Morgen Sonnet

Die ewig-helle Schaar wil nun ihr Licht verschlissen /
  Diane steht erblaßt; die Morgenrötte lacht
  Den grauen Himmel an / der sanffte Wind erwacht /
Vnd reitzt das Federvolck / den neuen Tag zu grüssen.

Das Leben diser Welt / eilt schon die Welt zu küssen /
   Vnd steckt sein Haupt empor / man siht der Stralen
        Pracht
   Nun blinckern auff der See: O dreymal höchste Macht
Erleuchte den / der sich itzt beugt vor deinen Füssen!
   Vertreib die dicke Nacht / die meine Seel umbgibt /
   Die Schmertzen Finsternüß / die Hertz und Geist
        betrübt /
Erquicke mein Gemütt / und stärcke mein Vertrauen.
   Gib / daß ich disen Tag / in deinem Dinst allein
   Zubring: und wenn mein End' und jener Tag bricht ein
Daß ich dich / meine Sonn / mein Licht mög ewig
        schauen.

Mittag

Auff Freunde! last uns zu der Taffel eylen /
   In dem die Sonn ins Himmels Mittel hält
   Vnd der von Hitz und Arbeit matten Welt
Sucht ihren Weg / und unsern Tag zu theilen.
Der Blumen Zir wird von den flammen Pfeylen
   Zu hart versehrt / das außgedörte Feld
   Wündscht nach dem Tau' / der Schnitter nach dem
        Zelt;
Kein Vogel klagt von seinen Libes Seilen.
   Itzt herrscht das Licht. Der schwartze Schatten fleucht
   In eine Höl / in welche sich verkreucht /
Den Schand und Furcht sich zu verbergen zwinget.
   Man kan dem Glantz des Tages ja entgehn!
   Doch nicht dem Licht / das / wo wir immer stehn /
Vns siht und richt / und Hell' und Grufft durchdringet.

Abend

Der schnelle Tag ist hin / die Nacht schwingt ihre
Fahn /
Vnd führt die Sternen auff. Der Menschen müde Scharen
Verlassen Feld und Werck / wo Thir und Vögel waren
Traurt itzt die Einsamkeit. Wie ist die Zeit verthan!
Der Port naht mehr und mehr sich zu der Glider
Kahn.
Gleich wie diß Licht verfil / so wird in wenig Jahren
Ich / du / und was man hat / und was man siht /
hinfahren.
Diß Leben kömmt mir vor als eine Renne-Bahn.
Laß höchster Gott / mich doch nicht auff dem Lauff-
platz gleiten /
Laß mich nicht Ach / nicht Pracht / nicht Lust nicht
Angst verleiten!
Dein ewig-heller Glantz sey vor und neben mir
Laß / wenn der müde Leib entschläfft / die Seele wachen
Vnd wenn der letzte Tag wird mit mir Abend machen /
So reiß mich aus dem Thal der Finsternüß zu dir.

Mitternacht

Schrecken / und Stille / und dunckeles Grausen /
finstere Kälte bedecket das Land
Itzt schläfft was Arbeit und Schmertzen ermüdet /
diß sind der traurigen Einsamkeit Stunden.
Nunmehr ist / was durch die Lüffte sich reget /
nunmehr sind Menschen und Thire
verschwunden.

Ob zwar die immerdar schimmernde Lichter /
        der ewig schitternden Sternen entbrant!
Suchet ein fleissiger Sinn noch zu wachen? der durch
        Bemühung der künstlichen Hand /
Ihm / die auch nach uns ankommende Seelen /
        Ihm / die an itzt sich hir finden verbunden?
Wetzet ein bluttiger Mörder die Klinge? wil er
        unschuldiger Hertzen verwunden?
Sorget ein Ehren-begehrend Gemütte / wie zu
        erlangen ein höherer Stand?
Sterbliche! Sterbliche! lasset diß dichten! Morgen!
        Ach Morgen! Ach muß man hinzihn!
Ach wir verschwinden gleich als die Gespenste /
        die umb die Stund uns erscheinen und
        flihn.
Wenn uns die finstere Gruben bedecket / wird / was wir
        wündschen und suchen zu nichte.
Doch / wie der gläntzende Morgen eröffnet / was
        weder Monde noch Fackel bescheint:
So / wenn der plötzliche Tag wird anbrechen / wird
        was geredet / gewürcket / gemeynt /
Sonder vermänteln eröffnet sich finden vor des
        erschrecklichen Gottes Gerichte.

Baldanders kommt zu Simplicissimo

Ich spazierte einsmals im Wald herumber meinen eitelen Gedanken Gehör zu geben, da fande ich ein steinerne Bildnus liegen in Lebensgröße, die hatte das Ansehen als wann sie irgendseine Statua eines alten teutschen Helden gewesen wär, dann sie hatte ein altfränkische Tracht von romanischer Soldatenkleidung, vornen mit einem großen Schwabenlatz, und war meinem Bedunken nach überaus künstlich und natürlich ausgehauen; wie ich nun so da stunde, das Bild betrachtete und mich verwundert, wie es doch in diese Wildnus kommen sein möchte, kam mir in Sinn, es müßte irgends auf diesem Gebürg vor langen Jahren ein heidnischer Tempel gestanden, und dieses der Abgott darinnen gewesen sein; sahe mich derowegen um, ob ich nichts mehr von dessen Fundament sehen kunndte, wurde aber nichts dergleichen gewahr, sonder, dieweil ich einen Hebel fande, den etwan ein Holzhaur liegen lassen, nahme ich denselben und stunde an diese Bildnus, sie umzukehren, um zu sehen, wie sie auf der andern Seiten eine Beschaffenheit hätte; ich hatte aber derselben den Hebel kaum unterm Hals gesteckt, und zu lupfen angefangen, da fieng sie selbst an sich zu regen und zu sagen: »Lasse mich mit Frieden, ich bin Baldanders.« Ich erschrack zwar heftig, doch erholte ich mich gleich wiederum, und sagte: »Ich siehe wohl, daß du bald anders bist; dann erst warest du ein toter Stein, jetzt aber bist du ein beweglicher Leib; wer bist du aber sonst, der Teufel oder sein Mutter?« »Nein«, antwortet er, »ich bin deren keins, sonder bald anders, maßen du mich selbst so genannt und davor erkannt hast; und könnte es auch wohl möglich sein, daß du mich nicht kennen solltest, da ich doch alle Zeit und Täge deines Lebens bin bei dir gewesen? daß ich aber niemal mit dir mündlich geredt hab, wie etwan Anno 1534 den letzten Julii mit Hans Sachsen, dem Schuster von Nörnberg, ist die Ursach, daß du meiner niemalen geachtet hast; unangesehen ich dich mehr als ander Leut bald groß, bald klein, bald reich bald arm, bald hoch bald nieder, bald lustig bald traurig, bald bös bald gut, und in Summa bald so und bald anders gemacht hab.« Ich sagte: »Wann du sonst nichts kannst als dies, so wärest du wohl vor diesmal auch von mir blieben.« Baldanders antwortet: »Gleichwie mein Ursprung aus dem Paradeis ist, und mein Tun und Wesen bestehet solang die Welt bleibt, also werde ich dich auch nimmermehr gar verlassen, bis du wieder zur Erden wirst davon du herkommen, es seie dir gleich lieb oder leid.« Ich fragte ihn, ob er den Menschen dann zu sonst nichts tauge, als sie und alle ihre Händel so mannigfaltig zu verändern? »O ja«, antwortet Baldanders, »ich kann sie eine Kunst lernen, dardurch sie mit allen Sachen so sonst von Natur stumm sein, als mit Stühlen und Bänken, Kesseln und Häfen etc. reden können, maßen ich solches Hans Sachsen auch underwiesen, wie dann in seinem Buch zu sehen, darin er ein paar Gespräch erzählet, die er mit einer Dukaten und einer Roßhaut gehalten.« »Ach«, sagte ich, »lieber Baldanderst, wann du mich diese Kunst mit Gottes Hülf auch lernen könndest, so wollte ich dich mein Lebtag liebhaben.« »Ja freilich«, antwortet er, »das will ich gern tun«; nahm darauf mein Buch so ich eben bei mir hatte, und nachdem er sich in einen Schreiber verwandelt, schriebe er mir nachfolgende Wort darein.

»Ich bin der Anfang und das End, und gelte an allen Orten.

Manoha, gilos, timad, isaser, sale, lacob, salet, enni nacob idil dadele neuavv ide eges Eli neme meodi eledid emonatan desi negogag editor goga naneg eriden, hohe ritatan auilac, hohe ilamen eriden diledi sisac usur soda-led auar, amu salif ononor macheli retoran; Vlidon dad amu ossosson, Gedal amu bede neuavv, aliis, dilede ro-nodavv agnoh regnoh eni tatæ hyn lamini celotah, isis to-lostabas oronatah assis tobulu, Wiera saladid egrivi na-non ægar rimini sisac, heliosole Ramelu ononor vvinde-lishi timinituz, bagoge gagoe hananor elimitat.«[1]

Als er dies geschrieben, wurde er zu einem großen Eichbaum, bald darauf zu einer Sau, geschwind zu einer Bratwurst, und unversehens zu einem großen Bauren-dreck (mit Gunst), er machte sich zu einem schönen Kleewasen, und ehe ich mich versahe, zu einem Küheflademen; item zu einer schönen Blum oder Zweig, zu einem Maulbeerbaum, und darauf in einen schönen seidenen Teppich etc. bis er sich endlich wieder in menschliche Gestalten verändert, und dieselbe öfter verwechselt, als solche gedachter Hans Sachs von ihm beschrieben; und weil ich von so unterschiedlichen schnellen Verwandlun-gen weder im Ovidio noch sonsten nirgends gelesen (dann den mehrgedachten Hans Sachsen hatte ich damals noch nit gesehen) gedachte ich, der alte Proteus sei wie-der von den Toten auferstanden, mich mit seiner Gauke-lei zu äffen, oder es sei vielleicht der Teufel selbst, mich als einen Einsiedler zu versuchen, und zu betrügen;

---

1 Anfangs- und Endbuchstaben, im Zusammenhang gelesen, ergeben: Magst dir selbst einbilden, wie es einem jeden Ding ergangen, hernach einen Discurs daraus formirn und davon glauben, was der Wahrheit aehnlich ist; so hastu, was dein naerrischer Vorwitz begehret.

nachdem ich aber von ihm verstanden, daß er mit bessern Ehren den Mon in seinem Wappen führe als der türkisch Kaiser, item daß die Unbeständigkeit sein Aufenthalt, die Beständigkeit aber seine ärgste Feindin seie, um welche er sich gleichwohl keine Schnall schere, weil er mehrenteils sie flüchtig mache, verändert er sich in einen Vogel, flohe schnell darvon, und ließe mir das Nachsehen.

Darauf setzte ich mich nieder in das Gras, und fieng an diejenige Wort zu betrachten, die mir Baldanders hinderlassen hatte, die Kunst so ich von ihm zu lernen daraus zu begreifen; ich hatte aber nit das Herz, selbige auszusprechen, weil sie mir vorkamen, wie diejenige damit die Teufelsbanner die höllische Geister beschweren und andere Zauberei treiben, maßen sie dann auch ebenso seltsam, unteutsch und unverständlich scheinen; ich sagte zu mir selber: »Wirst du sie anfahen zu reden, wer weiß, was dir alsdann vor Hexengespenst damit herbeilockest; vielleicht ist dieser Baldanders der Satan gewest, der dich hierdurch verführen will; weißt du nit, wie es den alten Einsiedlern ergangen?« Aber gleichwohl underließe mein Vorwitz nicht, die geschriebene Wort stetig anzuschauen und zu betrachten, weil ich gern mit stummen Dingen hätte reden können, sintemalen auch andere die unvernünftige Tier verstanden haben sollen; wurde demnach je länger je verpichter darauf, und weil ich ohne Ruhm zu melden, ein ziemlicher Zifferant bin, und meine geringste Kunst ist, einen Brief auf einen Faden, oder wohl gar auf ein Haar zu schreiben, den wohl kein Mensch wird aussinnen oder erraten können, zumalen auch vor längsten wohl andere verborgene Schriften ausspekuliert, als die Steganographia Trithemii sein mag; also sahe ich auch diese Schrift mit andern Augen an, und fande gleich daß Baldanders mir die Kunst nit allein mit Exempeln, sonder

auch in obiger Schrift mit guten teutschen Worten viel auf-
richtiger kommuniziert, als ich ihm zugetraut; damit war
ich nun wohl zufrieden, und achtet meiner neuen Wissen-
schaft nit sonderlich, sonder gieng zu meiner Wohnung,
und lase die Legenten der alten Heiligen, nit allein durch
gute Beispiel mich in meinem abgesonderten Leben geist-
lich zu erbauen, sonder auch die Zeit zu passieren.

BLAISE PASCAL

Nur ein Schilfrohr ist der Mensch

Bedenke ich die kurze Dauer meines Lebens, aufgezehrt
von der Ewigkeit vorher und nachher; bedenke ich das
bißchen Raum, den ich einnehme, und selbst den, den
ich sehe, verschlungen von der unendlichen Weite der
Räume, von denen ich nichts weiß und die von mir
nichts wissen, dann erschaudere ich und staune, daß ich
hier und nicht dort bin; keinen Grund gibt es, weshalb
ich grade hier und nicht dort bin, weshalb jetzt und
nicht dann. Wer hat mich hier eingesetzt? Durch wessen
Anordnung und Verfügung ist mir dieser Ort und diese
Stunde bestimmt worden? Memoria hospitis unius diei
praetereuntis.[1]

*

Nur ein Schilfrohr, das zerbrechlichste in der Welt, ist
der Mensch, aber ein Schilfrohr, das denkt. Nicht ist es
nötig, daß sich das All wappne, um ihn zu vernichten:

1 Und wie man einen vergißt, der nur einen Tag Gast gewesen ist (Weis-
  heit Salomos 5, 15).

122

ein Windhauch, ein Wassertropfen reichen hin, um ihn zu töten. Aber, wenn das All ihn vernichten würde, so wäre der Mensch doch edler als das, was ihn zerstört, denn er weiß, daß er stirbt, und er kennt die Übermacht des Weltalls über ihn; das Weltall aber weiß nichts davon. Unsere ganze Würde besteht also im Denken, an ihm müssen wir uns aufrichten und nicht am Raum und an der Zeit, die wir doch nie ausschöpfen werden. Bemühen wir uns also, richtig zu denken, das ist die Grundlage der Sittlichkeit.

DAVID SCHIRMER

An die sterne wegen Barnien

Ihr kinder süsser nacht / ihr feuer-vollen brüder /
  Du kleines heer der luft / du himmels bürgerey /
  Die du durchs braune feld nach reiner melodey
Erhebest deinen tantz / und deine schöne glieder /
Wenn itzt der faule schlaff die müden augen-lieder
  Durch einen faulen sieg den sinnen leget bey /
  Damit kein wachen mehr bey uns zu spüren sey /
Ihr kinder süsser nacht legt eure fackeln nieder /
  Was steht ihr wie zuvor / und lacht den welt-kreiß an?
Laufft durch das göldne hauß / verlast die fenster-
               scheiben /
Geht rückwerts / wie ihr solt / ich will euch rückwerts
               treiben /
  Geht rückwerts wieder hin die alte finstre bahn.
Geht kinder wie ihr solt / flieht lichter / flieht von mir /
Mein licht / mein augen-stern / mein lieb ist nicht allhier.

ANGELUS SILESIUS

Zufall und Wesen

Mensch werde wesentlich: denn wann die Welt vergeht /
So fällt der Zufall weg / das wesen das besteht.

DANIEL CASPER VON LOHENSTEIN

Umbschrifft eines Sarches

Irrdisches und Sterblich Volck / lebend-todte
            Erden-Gåste /
Ihr Verwůrfflinge des Himmels / ihr Gespenste dieser
            Welt /
Denen nichts als falsche Waare / nichts als Rauch und
            Wind gefållt /
Nårrsche klettert / und besteigt / die bepalmten
            Ehren-Aeste /
Setzt euch Seulen von Porphyr mauert euch aus Gold
            Palåste /
Festigt Tempel euch aus Marmel / der der Zeit die Wage
            hålt /
Rafft zu euch mit gicht'gen Klauen den verdammten
            klumpen Geld /
Macht euch euer stoltzes Lob durch gelehrte Schrifften
            feste.
    Aber wist: wann das Verhångnůs euer Lebens-Garn
            reisst ab /

Schwindet Wissenschafft und Kunst / Schätze /
          Reichthum / Ehr und Tittel /
Und ihr nehmet nichts mit euch / als den nackten
          Sterbe-Kittel:
Wo ihr auch noch aus dem allen noch erschwitzet Sarch
          und Grab.
Tausend / tausend sind gewest / die mich nicht erlangt
          noch haben /
Die die Lüfte / die die Glutt / die der blaue Schaum
          begraben.

ABRAHAM A SANCTA CLARA

Der Mensch ist ein Schatten / der bald vergeht /
  Ist ein Graß / das nit lang steht.
Der Mensch ist ein Faimb[1] / der bald abfliest /
  Ein Blum / die bald abschiest.
Der Mensch ist ein Rauch / der nit lang wehrt,
  Ein Feur / daß sich selbst verzehrt.
Der Mensch ist ein Wasser / das bald abrint,
  Ein Kertzen / die bald abbrint.
Der Mensch ist ein Glaß / das bald zerbricht /
  Ein Traum der zeiget nicht.
Der Mensch ist ein Wax / das bald erwaicht /
  Ein Rosen / die bald erblaicht.
Der Mensch ist ein Fleisch / das bald stinckt,
  Ein Schiffel / das bald versinckt.

1 Schaum

... und was ist endlich der Tod?

Wenn man das siebzigste Jahr berührt, so muß man zum Aufbruch bereit sein, sobald die Trompete das Zeichen zum Aufsitzen gibt. Wenn man lange gelebt hat, muß man die Nichtigkeit der menschlichen Dinge einsehen und der Ebbe und Flut von Glück und Unglück, die unaufhörlich einander folgen, müde, muß man dieses Leben ohne Klage verlassen.

*

Alle Welt macht bankerott: der gute Christ mit den Begierden des Fleisches, der Kranke mit den Wollüsten, der Philosoph mit dem Irrtum, wer einen leeren Beutel hat, mit seinem Gläubiger, und was ist endlich der Tod, was ist er als ein Bankerott am Leben? Im Begriff, diesen letzten Schritt zu tun, verliere ich die Reize der Welt aus dem Auge und sehe an ihnen nichts mehr als Illusionen. Mich bestürme nun die Gicht oder eine andere Krankheit, ich weiß, daß es der Fuhrmann ist, der mich in das Land hinabführen soll, aus welchem niemand zurückgekehrt ist, und ich erwarte den Augenblick meiner Abfahrt ohne Furcht vor der Zukunft und mit gänzlicher Ergebung.

*

Die alten Leute müssen den jungen Platz machen, damit jede Generation ihren Platz findet; und wenn man recht erwägt, was das Leben ist, so besteht es darin, daß man seine Mitbürger sterben und geboren werden sieht.

Sein und Nichtsein

Die Sand-Uhren erinnern nicht bloß an die schnelle Flucht der Zeit, sondern auch zugleich an den Staub in welchen wir einst verfallen werden.

*

Die wenigsten Menschen haben wohl recht über den Wert des *Nichtseins* gehörig nachgedacht. Unter Nichtsein nach dem Tode stelle ich mir den Zustand vor, in dem ich mich befand, ehe ich geboren ward. Es ist eigentlich nicht Apathie, denn die kann noch gefühlt werden, sondern es ist gar nichts. Gerate ich in diesen Zustand – wiewohl hier die Wörter *ich* und *Zustand* gar nicht mehr passen; es ist, glaube ich, etwas, das dem ewigen Leben völlig das Gleichgewicht hält. *Sein* und *Nichtsein* stehen einander, wenn von empfindenden Wesen die Rede ist, nicht entgegen, sondern *Nichtsein* und *höchste Glückseligkeit*. Ich glaube, man befindet sich gleich wohl, in welchem von beiden Zuständen man ist. Sein und *abwarten*, seiner Vernunft gemäß handeln, ist unsere Pflicht, da wir das Ganze nicht übersehen.

JOHANN WOLFGANG GOETHE

Selige Sehnsucht

Sagt es niemand, nur den Weisen,
Weil die Menge gleich verhöhnet,
Das Lebend'ge will ich preisen,
Das nach Flammentod sich sehnet.

In der Liebesnächte Kühlung,
Die dich zeugte, wo du zeugtest,
Überfällt dich fremde Fühlung,
Wenn die stille Kerze leuchtet.

Nicht mehr bleibest du umfangen
In der Finsternis Beschattung,
Und dich reißet neu Verlangen
Auf zu höherer Begattung.

Keine Ferne macht dich schwierig,
Kommst geflogen und gebannt,
Und zuletzt, des Lichts begierig,
Bist du, Schmetterling, verbrannt.

Und so lang du das nicht hast,
Dieses: Stirb und werde!
Bist du nur ein trüber Gast
Auf der dunklen Erde.

Eins und Alles

Im Grenzenlosen sich zu finden,
Wird gern der Einzelne verschwinden,
Da löst sich aller Überdruß;
Statt heißem Wünschen, wildem Wollen,
Statt läst'gem Fordern, strengem Sollen,
Sich aufzugeben ist Genuß.

Weltseele, komm, uns zu durchdringen!
Dann mit dem Weltgeist selbst zu ringen
Wird unsrer Kräfte Hochberuf.
Teilnehmend führen gute Geister,
Gelinde leitend, höchste Meister,
Zu dem, der alles schafft und schuf.

Und umzuschaffen das Geschaffne,
Damit sich's nicht zum Starren waffne,
Wirkt ewiges lebendiges Tun.
Und was nicht war, nun will es werden,
Zu reinen Sonnen, farbigen Erden,
In keinem Falle darf es ruhn.

Es soll sich regen, schaffend handeln,
Erst sich gestalten, dann verwandeln;
Nur scheinbar steht's Momente still.
Das Ewige regt sich fort in allen,
Denn alles muß in Nichts zerfallen,
Wenn es im Sein beharren will.

Urworte. Orphisch

ΔΑΙΜΩΝ, Dämon

Wie an dem Tag, der dich der Welt verliehen,
Die Sonne stand zum Gruße der Planeten,
Bist alsobald und fort und fort gediehen
Nach dem Gesetz, wonach du angetreten.
So mußt du sein, dir kannst du nicht entfliehen,
So sagten schon Sibyllen, so Propheten;
Und keine Zeit und keine Macht zerstückelt
Geprägte Form, die lebend sich entwickelt.

ΤΥΧΗ, Das Zufällige

Die strenge Grenze doch umgeht gefällig
Ein Wandelndes, das mit und um uns wandelt;
Nicht einsam bleibst du, bildest dich gesellig
Und handelst wohl so, wie ein andrer handelt:
Im Leben ist's bald hin-, bald widerfällig,
Es ist ein Tand und wird so durchgetandelt.
Schon hat sich still der Jahre Kreis geründet,
Die Lampe harrt der Flamme, die entzündet.

ΕΡΩΣ, Liebe

Die bleibt nicht aus! – Er stürzt vom Himmel nieder,
Wohin er sich aus alter Öde schwang,
Er schwebt heran auf luftigem Gefieder
Um Stirn und Brust den Frühlingstag entlang,
Scheint jetzt zu fliehn, vom Fliehen kehrt er wieder,
Da wird ein Wohl im Weh, so süß und bang.
Gar manches Herz verschwebt im Allgemeinen,
Doch widmet sich das edelste dem Einen.

ΑΝΑΓΚΗ, Nötigung

Da ist's denn wieder, wie die Sterne wollten:
Bedingung und Gesetz; und aller Wille
Ist nur ein Wollen, weil wir eben sollten,
Und vor dem Willen schweigt die Willkür stille;
Das Liebste wird vom Herzen weggescholten,
Dem harten Muß bequemt sich Will' und Grille.
So sind wir scheinfrei denn nach manchen Jahren
Nur enger dran, als wir am Anfang waren.

ΕΛΠΙΣ, Hoffnung

Doch solcher Grenze, solcher eh'rnen Mauer
Höchst widerwärt'ge Pforte wird entriegelt,
Sie stehe nur mit alter Felsendauer!
Ein Wesen regt sich leicht und ungezügelt:
Aus Wolkendecke, Nebel, Regenschauer
Erhebt sie uns, mit ihr, durch sie beflügelt;
Ihr kennt sie wohl, sie schwärmt durch alle Zonen;
Ein Flügelschlag – und hinter uns Äonen.

Dauer im Wechsel

Hielte diesen frühen Segen,
Ach, nur eine Stunde fest!
Aber vollen Blütenregen
Schüttelt schon der laue West.
Soll ich mich des Grünen freuen,
Dem ich Schatten erst verdankt?
Bald wird Sturm auch das zerstreuen,
Wenn es falb im Herbst geschwankt.

Willst du nach den Früchten greifen,
Eilig nimm dein Teil davon!
Diese fangen an zu reifen,
Und die andern keimen schon;
Gleich mit jedem Regengusse
Ändert sich dein holdes Tal,
Ach, und in demselben Flusse
Schwimmst du nicht zum zweitenmal.

Du nun selbst! Was felsenfeste
Sich vor dir hervorgetan,
Mauern siehst du, siehst Paläste
Stets mit andern Augen an.
Weggeschwunden ist die Lippe,
Die im Kusse sonst genas,
Jener Fuß, der an der Klippe
Sich mit Gemsenfreche maß.

Jene Hand, die gern und milde
Sich bewegte wohlzutun,
Das gegliederte Gebilde,
Alles ist ein andres nun.
Und was sich an jener Stelle
Nun mit deinem Namen nennt,
Kam herbei wie eine Welle,
Und so eilt's zum Element.

Laß den Anfang mit dem Ende
Sich in eins zusammenziehn!
Schneller als die Gegenstände
Selber dich vorüberfliehn.
Danke, daß die Gunst der Musen
Unvergängliches verheißt,
Den Gehalt in deinem Busen
Und die Form in deinem Geist.

Gesang der Geister über den Wassern

Des Menschen Seele
Gleicht dem Wasser:
Vom Himmel kommt es,
Zum Himmel steigt es,
Und wieder nieder
Zur Erde muß es,
Ewig wechselnd.

Strömt von der hohen,
Steilen Felswand
Der reine Strahl,
Dann stäubt er lieblich
In Wolkenwellen
Zum glatten Fels,
Und leicht empfangen
Wallt er verschleiernd,
Leisrauschend
Zur Tiefe nieder.

Ragen Klippen
Dem Sturz entgegen,
Schäumt er unmutig
Stufenweise
Zum Abgrund.

Im flachen Bette
Schleicht er das Wiesental hin,
Und in dem glatten See
Weiden ihr Antlitz
Alle Gestirne.

Wind ist der Welle
Lieblicher Buhler;
Wind mischt vom Grund aus
Schäumende Wogen.

Seele des Menschen,
Wie gleichst du dem Wasser!
Schicksal des Menschen,
Wie gleichst du dem Wind!

Die Natur

Fragment

Natur! Wir sind von ihr umgeben und umschlungen –
unvermögend aus ihr herauszutreten, und unvermögend
tiefer in sie hineinzukommen. Ungebeten und unge-
warnt nimmt sie uns in den Kreislauf ihres Tanzes auf
und treibt sich mit uns fort, bis wir ermüdet sind und ih-
rem Arme entfallen.

Sie schafft ewig neue Gestalten; was da ist war noch
nie, was war kommt nicht wieder – Alles ist neu und
doch immer das Alte.

Wir leben mitten in ihr und sind ihr fremde. Sie spricht
unaufhörlich mit uns und verrät uns ihr Geheimnis
nicht. Wir wirken beständig auf sie und haben doch kei-
ne Gewalt über sie.

Sie scheint alles auf Individualität angelegt zu haben
und macht sich nichts aus den Individuen. Sie baut im-
mer und zerstört immer und ihre Werkstätte ist unzu-
gänglich.

Sie lebt in lauter Kindern, und die Mutter, wo ist sie? – Sie ist die einzige Künstlerin: aus dem simpelsten Stoffe zu den größten Kontrasten: ohne Schein der Anstrengung zu der größten Vollendung – zur genausten Bestimmtheit immer mit etwas Weichem überzogen. Jedes ihrer Werke hat ein eigenes Wesen, jede ihrer Erscheinungen den isoliertesten Begriff und doch macht alles eins aus.

Sie spielt ein Schauspiel: ob sie es selbst sieht, wissen wir nicht, und doch spielt sies für uns, die wir in der Ekke stehen.

Es ist ein ewiges Leben, Werden und Bewegen in ihr und doch rückt sie nicht weiter. Sie verwandelt sich ewig und ist kein Moment Stillestehen in ihr. Fürs Bleiben hat sie keinen Begriff und ihren Fluch hat sie ans Stillestehen gehängt. Sie ist fest. Ihr Tritt ist gemessen, ihre Ausnahmen selten, ihre Gesetze unwandelbar.

Gedacht hat sie und sinnt beständig; aber nicht als ein Mensch, sondern als Natur. Sie hat sich einen eigenen allumfassenden Sinn vorbehalten, den ihr niemand abmerken kann.

Die Menschen sind all in ihr und sie in allen. Mit allen treibt sie ein freundliches Spiel, und freut sich, je mehr man ihr abgewinnt. Sie treibts mit vielen so im verborgenen, daß sies zu Ende spielt, ehe sies merken.

Auch das Unnatürlichste ist Natur. Wer sie nicht allenthalben sieht, sieht sie nirgendwo recht.

Sie liebet sich selber und haftet ewig mit Augen und Herzen ohne Zahl an sich selbst. Sie hat sich auseinander gesetzt um sich selbst zu genießen. Immer läßt sie neue Genießer erwachsen, unersättlich sich mitzuteilen.

Sie freut sich an der Illusion. Wer diese in sich und andern zerstört, den straft sie als der strengste Tyrann. Wer ihr zutraulich folgt, den drückt sie wie ein Kind an ihr Herz.

Ihre Kinder sind ohne Zahl. Keinem ist sie überall karg, aber sie hat Lieblinge, an die sie viel verschwendet und denen sie viel aufopfert. Ans Große hat sie ihren Schutz geknüpft.

Sie spritzt ihre Geschöpfe aus dem Nichts hervor, und sagt ihnen nicht, woher sie kommen und wohin sie gehen. Sie sollen nur laufen. Die Bahn kennt sie.

Sie hat wenige Triebfedern, aber nie abgenutzte, immer wirksam, immer mannigfaltig.

Ihr Schauspiel ist immer neu, weil sie immer neue Zuschauer schafft. Leben ist ihre schönste Erfindung, und der Tod ist ihr Kunstgriff viel Leben zu haben.

Sie hüllt den Menschen in Dumpfheit ein und spornt ihn ewig zum Lichte. Sie macht ihn abhängig zur Erde, träg und schwer und schüttelt ihn immer wieder auf.

Sie gibt Bedürfnisse, weil sie Bewegung liebt. Wunder, daß sie alle diese Bewegung mit so wenigem erreichte. Jedes Bedürfnis ist Wohltat. Schnell befriedigt, schnell wieder erwachsend. Gibt sie eins mehr, so ist's ein neuer Quell der Lust. Aber sie kommt bald ins Gleichgewicht.

Sie setzt alle Augenblicke zum längesten Lauf an und ist alle Augenblicke am Ziele.

Sie ist die Eitelkeit selbst; aber nicht für uns, denen sie sich zur größten Wichtigkeit gemacht hat.

Sie läßt jedes Kind an sich künsteln, jeden Toren über sie richten, tausend stumpf über sie hingehen und nichts sehen, und hat an allen ihre Freude und findet bei allen ihre Rechnung.

Man gehorcht ihren Gesetzen, auch wenn man ihnen widerstrebt, man wirkt mit ihr, auch wenn man gegen sie wirken will.

Sie macht alles, was sie gibt, zur Wohltat, denn sie macht es erst unentbehrlich. Sie säumet, daß man sie verlange, sie eilet, daß man sie nicht satt werde.

Sie hat keine Sprache noch Rede, aber sie schafft Zungen und Herzen durch die sie fühlt und spricht.

Ihre Krone ist die Liebe. Nur durch sie kommt man ihr nahe. Sie macht Klüfte zwischen allen Wesen und alles will sich verschlingen. Sie hat alles isoliert um alles zusammenzuziehen. Durch ein paar Züge aus dem Becher der Liebe hält sie für ein Leben voll Mühe schadlos.

Sie ist alles. Sie belohnt sich selbst und bestraft sich selbst, erfreut und quält sich selbst. Sie ist rauh und gelinde, lieblich und schröklich, kraftlos und allgewaltig. Alles ist immer da in ihr. Vergangenheit und Zukunft kennt sie nicht. Gegenwart ist ihr Ewigkeit. Sie ist gütig. Ich preise sie mit allen ihren Werken. Sie ist weise und still. Man reißt ihr keine Erklärung vom Leibe, trutzt ihr kein Geschenk ab, das sie nicht freiwillig gibt. Sie ist listig, aber zu gutem Ziele, und am besten ists, ihre List nicht zu merken.

Sie ist ganz und doch immer unvollendet. So wie sies treibt, kann sies immer treiben.

Jedem erscheint sie in einer eigenen Gestalt. Sie verbirgt sich in tausend Namen und Termen und ist immer dieselbe.

Sie hat mich hereingestellt, sie wird mich auch herausführen. Ich vertraue mich ihr. Sie mag mit mir schalten. Sie wird ihr Werk nicht hassen. Ich sprach nicht von ihr. Nein, was wahr ist und was falsch ist, alles hat sie gesprochen. Alles ist ihre Schuld, alles ist ihr Verdienst.

Faust. Erster Teil

Zueignung

Ihr naht euch wieder, schwankende Gestalten,
Die früh sich einst dem trüben Blick gezeigt.
Versuch ich wohl, euch diesmal festzuhalten?
Fühl ich mein Herz noch jenem Wahn geneigt?
Ihr drängt euch zu! nun gut, so mögt ihr walten,
Wie ihr aus Dunst und Nebel um mich steigt;
Mein Busen fühlt sich jugendlich erschüttert
Vom Zauberhauch, der euren Zug umwittert.

Ihr bringt mit euch die Bilder froher Tage,
Und manche liebe Schatten steigen auf;
Gleich einer alten, halbverklungnen Sage
Kommt erste Lieb und Freundschaft mit herauf;
Der Schmerz wird neu, es wiederholt die Klage
Des Lebens labyrinthisch irren Lauf,
Und nennt die Guten, die, um schöne Stunden
Vom Glück getäuscht, vor mir hinweggeschwunden.

Sie hören nicht die folgenden Gesänge,
Die Seelen, denen ich die ersten sang;
Zerstoben ist das freundliche Gedränge,
Verklungen, ach! der erste Widerklang.
Mein Lied ertönt der unbekannten Menge,
Ihr Beifall selbst macht meinem Herzen bang,
Und was sich sonst an meinem Lied erfreuet,
Wenn es noch lebt, irrt in der Welt zerstreuet.

Und mich ergreift ein längst entwöhntes Sehnen
Nach jenem stillen, ernsten Geisterreich,

Es schwebet nun in unbestimmten Tönen
Mein lispelnd Lied, der Äolsharfe gleich,
Ein Schauer faßt mich, Träne folgt den Tränen,
Das strenge Herz, es fühlt sich mild und weich;
Was ich besitze, seh ich wie im Weiten,
Und was verschwand, wird mir zu Wirklichkeiten.

Faust. Zweiter Teil

Bergschluchten

Wald, Fels, Einöde.
Heilige Anachoreten gebirgauf verteilt, gelagert
zwischen Klüften.

CHOR UND ECHO.
   Waldung, sie schwankt heran,
   Felsen, sie lasten dran,
   Wurzeln, sie klammern an,
   Stamm dicht an Stamm hinan.
   Woge nach Woge spritzt,
   Höhle, die tiefste, schützt.
   Löwen, die schleichen stumm-
   freundlich um uns herum,
   Ehren geweihten Ort,
   Heiligen Liebeshort.
PATER ECSTATICUS *(auf und ab schwebend).*
   Ewiger Wonnebrand,
   Glühendes Liebeband,
   Siedender Schmerz der Brust,
   Schäumende Gotteslust.

Pfeile, durchdringet mich,
Lanzen, bezwinget mich,
Keulen, zerschmettert mich,
Blitze, durchwettert mich!
Daß ja das Nichtige
Alles verflüchtige,
Glänze der Dauerstern,
Ewiger Liebe Kern.

PATER PROFUNDUS *(tiefe Region).*

Wie Felsenabgrund mir zu Füßen
Auf tiefem Abgrund lastend ruht,
Wie tausend Bäche strahlend fließen
Zum grausen Sturz des Schaums der Flut,
Wie strack, mit eignem kräftigen Triebe,
Der Stamm sich in die Lüfte trägt,
So ist es die allmächtige Liebe,
Die alles bildet, alles hegt.

Ist um mich her ein wildes Brausen,
Als wogte Wald und Felsengrund,
Und doch stürzt, liebevoll im Sausen,
Die Wasserfülle sich zum Schlund,
Berufen, gleich das Tal zu wässern;
Der Blitz, der flammend niederschlug,
Die Atmosphäre zu verbessern,
Die Gift und Dunst im Busen trug;

Sind Liebesboten, sie verkünden,
Was ewig schaffend uns umwallt.
Mein Innres mög es auch entzünden,
Wo sich der Geist, verworren, kalt,
Verquält in stumpfer Sinne Schranken,
Scharfangeschloßnem Kettenschmerz.

O Gott! beschwichtige die Gedanken,
Erleuchte mein bedürftig Herz!

PATER SERAPHICUS *(mittlere Region)*.

Welch ein Morgenwölkchen schwebet
Durch der Tannen schwankend Haar!
Ahn ich, was im Innern lebet?
Es ist junge Geisterschar.

CHOR SELIGER KNABEN.

Sag uns, Vater, wo wir wallen,
Sag uns, Guter, wer wir sind?
Glücklich sind wir, allen, allen
Ist das Dasein so gelind.

PATER SERAPHICUS.

Knaben! Mitternachts Geborne,
Halb erschlossen Geist und Sinn,
Für die Eltern gleich Verlorne,
Für die Engel zum Gewinn.
Daß ein Liebender zugegen,
Fühlt ihr wohl, so naht euch nur;
Doch von schroffen Erdewegen,
Glückliche! habt ihr keine Spur.
Steigt herab in meiner Augen
Welt- und erdgemäß Organ,
Könnt sie als die euern brauchen,
Schaut euch diese Gegend an!
(Er nimmt sie in sich.)
Das sind Bäume, das sind Felsen,
Wasserstrom, der abestürzt
Und mit ungeheurem Wälzen
Sich den steilen Weg verkürzt.

SELIGE KNABEN *(von innen)*.

Das ist mächtig anzuschauen,
Doch zu düster ist der Ort,

Schüttelt uns mit Schreck und Grauen.
Edler, Guter, laß uns fort!

PATER SERAPHICUS.

Steigt hinan zu höherm Kreise,
Wachset immer unvermerkt,
Wie, nach ewig reiner Weise,
Gottes Gegenwart verstärkt.
Denn das ist der Geister Nahrung,
Die im freisten Äther waltet:
Ewigen Liebens Offenbarung,
Die zur Seligkeit entfaltet.

CHOR SELIGER KNABEN (*um die höchsten Gipfel kreisend*).

Hände verschlinget
Freudig zum Ringverein,
Regt euch und singet
Heil'ge Gefühle drein!
Göttlich belehret,
Dürft ihr vertrauen;
Den ihr verehret,
Werdet ihr schauen.

ENGEL (*schwebend in der höheren Atmosphäre, Faustens Unsterbliches tragend*).

Gerettet ist das edle Glied
Der Geisterwelt vom Bösen:
»Wer immer strebend sich bemüht,
Den können wir erlösen.«
Und hat an ihm die Liebe gar
Von oben teilgenommen,
Begegnet ihm die selige Schar
Mit herzlichem Willkommen.

DIE JÜNGEREN ENGEL.

Jene Rosen aus den Händen
Liebend-heiliger Büßerinnen

Halfen uns den Sieg gewinnen,
Uns das hohe Werk vollenden,
Diesen Seelenschatz erbeuten.
Böse wichen, als wir streuten,
Teufel flohen, als wir trafen.
Statt gewohnter Höllenstrafen
Fühlten Liebesqual die Geister;
Selbst der alte Satansmeister
War von spitzer Pein durchdrungen.
Jauchzet auf! es ist gelungen.

...

Mater Gloriosa schwebt einher.

CHOR DER BÜSSERINNEN.
Du schwebst zu Höhen
Der ewigen Reiche,
Vernimm das Flehen,
Du Ohnegleiche,
Du Gnadenreiche!

...

MAGNA PECCATRIX, MULIER SAMARITANA,
MARIA AEGYPTIACA.
Die du großen Sünderinnen
Deine Nähe nicht verweigerst
Und ein büßendes Gewinnen
In die Ewigkeiten steigerst,
Gönn auch dieser guten Seele,
Die sich einmal nur vergessen,
Die nicht ahnte, daß sie fehle,
Dein Verzeihen angemessen!

UNA POENITENTIUM, sonst GRETCHEN genannt *(sich anschmiegend).*
Neige, Neige,
Du Ohnegleiche,

Du Strahlenreiche,
Dein Antlitz gnädig meinem Glück!
Der früh Geliebte,
Nicht mehr Getrübte,
Er kommt zurück.

SELIGE KNABEN *(in Kreisbewegung sich nähernd)*.

Er überwächst uns schon
An mächtigen Gliedern,
Wird treuer Pflege Lohn
Reichlich erwidern.
Wir wurden früh entfernt
Von Lebechören;
Doch dieser hat gelernt,
Er wird uns lehren.

DIE EINE BÜSSERIN, SONST GRETCHEN genannt.

Vom edlen Geisterchor umgeben,
Wird sich der Neue kaum gewahr,
Er ahnet kaum das frische Leben,
So gleicht er schon der heiligen Schar.
Sieh! wie er jedem Erdenbande
Der alten Hülle sich entrafft,
Und aus ätherischem Gewande
Hervortritt erste Jugendkraft.
Vergönne mir, ihn zu belehren,
Noch blendet ihn der neue Tag.

MATER GLORIOSA.

Komm! hebe dich zu höhern Sphären!
Wenn er dich ahnet, folgt er nach.

DOCTOR MARIANUS *(auf dem Angesicht anbetend)*.

Blicket auf zum Retterblick,
Alle reuig Zarten,
Euch zu seligem Geschick
Dankend umzuarten.

144

Werde jeder beßre Sinn
Dir zum Dienst erbötig;
Jungfrau, Mutter, Königin,
Göttin, bleibe gnädig!

CHORUS MYSTICUS.

Alles Vergängliche
Ist nur ein Gleichnis;
Das Unzulängliche,
Hier wird's Ereignis;
Das Unbeschreibliche,
Hier ist's getan;
Das Ewig-Weibliche
Zieht uns hinan.

Nänie

Auch das Schöne muß sterben! Das Menschen und
        Götter bezwinget,
  Nicht die eherne Brust rührt es des stygischen Zeus.
Einmal nur erweichte die Liebe den Schattenbeherrscher,
   Und an der Schwelle noch, streng, rief er zurück sein
        Geschenk.
Nicht stillt Aphrodite dem schönen Knaben die Wunde,
  Die in den zierlichen Leib grausam der Eber geritzt.
Nicht errettet den göttlichen Held die unsterbliche
        Mutter,
  Wann er, am skäischen Tor fallend, sein Schicksal
        erfüllt.
Aber sie steigt aus dem Meer mit allen Töchtern des
        Nereus,
  Und die Klage hebt an um den verherrlichten Sohn.
Siehe! Da weinen die Götter, es weinen die Göttinnen
        alle,
  Daß das Schöne vergeht, daß das Vollkommene stirbt.
Auch ein Klaglied zu sein im Mund der Geliebten, ist
        herrlich,
  Denn das Gemeine geht klanglos zum Orkus hinab.

In das Fremdenbuch
von Schwarzburg-Paulinzella

Einsam stehn des öden Tempels Säulen,
Epheu rankt am unverschlossnen Tor,
Sang und Klang verstummt, des Uhu Heulen
Schallet nun im eingestürzten Chor.
Weg sind Prunk und alle Herrlichkeiten,
Schon enteilt im langen Strom der Zeiten
Bischofs Hut mit Siegel, Ring und Stab
In der Vorwelt ewig offnes Grab.
Nichts ist bleibend, alles eilt von hinnen,
Jammer und erhörter Liebe Glück;
Unser Streben, unser Hoffen, Sinnen,
Wichtig nur auf einen Augenblick;
Was im Lenz wir liebevoll umfassen,
Sehen wir im Herbste schon verblassen,
Und der Schöpfung grösstes Meisterstück
Sinkt veraltet in den Staub zurück.

Friedrich Schiller zugeschrieben

Rede des toten Christus vom Weltgebäude herab, daß kein Gott sei*

Vorbericht

Das Ziel dieser Dichtung ist die Entschuldigung ihrer Kühnheit. Die Menschen leugnen mit ebenso wenig Gefühl das göttliche Dasein, als die meisten es annehmen. Sogar in unsere wahren Systeme sammeln wir immer nur Wörter, Spielmarken und Medaillen ein, wie Geizige Münzkabinetter; – und erst spät setzen wir die Worte in Gefühle um, die Münzen in Genüsse. Man kann zwanzig Jahre lang die Unsterblichkeit der Seele glauben – – erst im einundzwanzigsten, in einer großen Minute, erstaunt man über den reichen Inhalt dieses Glaubens, über die Wärme dieser Naphthaquelle.

Ebenso erschrak ich über den giftigen Dampf, der dem Herzen dessen, der zum ersten Mal in das atheistische Lehrgebäude tritt, erstickend entgegenzieht. Ich will mit geringern Schmerzen die Unsterblichkeit als die Gottheit leugnen: dort verlier' ich nichts als eine mit Nebeln bedeckte Welt, hier verlier' ich die gegenwärtige, nämlich die Sonne derselben; das ganze geistige Universum wird durch die Hand des Atheismus zersprengt und zerschlagen in zahlenlose quecksilberne Punkte von Ichs, welche blinken, rinnen, irren, zusammen und auseinander flie-

---

* Wenn einmal mein Herz so unglücklich und ausgestorben wäre, daß in ihm alle Gefühle, die das Dasein Gottes bejahen, zerstöret wären: so würd' ich mich mit diesem meinem Aufsatz erschüttern und – er würde mich heilen und mir meine Gefühle wiedergeben.

hen, ohne Einheit und Bestand. Niemand ist im All so sehr allein als ein Gottesleugner – er trauert mit einem verwaiseten Herzen, das den größten Vater verloren, neben dem unermeßlichen Leichnam der Natur, den kein Weltgeist regt und zusammenhält, und der im Grabe wächset; und er trauert so lange, bis er sich selber abbröckelt von der Leiche. Die ganze Welt ruht vor ihm wie die große, halb im Sande liegende ägyptische Sphynx aus Stein; und das All ist die kalte eiserne Maske der gestaltlosen Ewigkeit.

Auch hab' ich die Absicht, mit meiner Dichtung einige lesende oder gelesene Magister in Furcht zu setzen, da wahrlich diese Leute jetzo, seitdem sie als Baugefangne beim Wasserbau und der Grubenzimmerung der kritischen Philosophie in Tagelohn genommen worden, das Dasein Gottes so kaltblütig und kaltherzig erwägen, als ob vom Dasein des Kraken und Einhorns die Rede wäre.

Für andere, die nicht so weit sind wie ein lesender Magistrant, merk' ich noch an, daß mit dem Glauben an den Atheismus sich ohne Widerspruch der Glaube an Unsterblichkeit verknüpfen lasse; denn dieselbe Notwendigkeit, die in diesem Leben meinen lichten Tautropfen von Ich in einen Blumenkelch und unter eine Sonne warf, kann es ja im zweiten wiederholen; – ja noch leichter kann sie mich zum zweiten Male verkörpern als zum ersten Male.

*

Wenn man in der Kindheit erzählen hört, daß die Toten um Mitternacht, wo unser Schlaf nahe bis an die Seele reicht und selber die Träume verfinstert, sich aus ihrem aufrichten, und daß sie in den Kirchen den Gottesdienst der Lebendigen nachäffen: so schaudert man der Toten wegen vor dem Tode; und wendet in der nächtlichen Einsamkeit den Blick von den langen Fenstern der stillen Kirche weg und fürchtet sich, ihrem Schillern nachzuforschen, ob es wohl vom Monde niederfalle.

Die Kindheit, und noch mehr ihre Schrecken als ihre Entzückungen, nehmen im Traume wieder Flügel und Schimmer an und spielen wie Johanniswürmchen in der kleinen Nacht der Seele. Zerdrückt uns diese flatternden Funken nicht! – Lasset uns sogar die dunkeln peinlichen Träume als hebende Halbschatten der Wirklichkeit! – Und womit will man uns *die* Träume ersetzen, die uns aus dem untern Getöse des Wasserfalls wegtragen in die stille Höhe der Kindheit, wo der Strom des Lebens noch in seiner kleinen Ebene schweigend und als ein Spiegel des Himmels seinen Abgründen entgegenzog? –

Ich lag einmal an einem Sommerabende vor der Sonne auf einem Berge und entschlief. Da träumte mir, ich erwachte auf dem Gottesacker. Die abrollenden Räder der Turmuhr, die eilf Uhr schlug, hatten mich erweckt. Ich suchte im ausgeleerten Nachthimmel die Sonne, weil ich glaubte, eine Sonnenfinsternis verhülle sie mit dem Mond. Alle Gräber waren aufgetan, und die eisernen Türen des Gebeinhauses gingen unter unsichtbaren Händen auf und zu. An den Mauern flogen Schatten, die niemand warf, und andere Schatten gingen aufrecht in der bloßen Luft. In den offenen Särgen schlief nichts mehr als die Kinder. Am Himmel hing in großen Falten bloß ein grauer schwüler Nebel, den ein Riesenschatte wie ein Netz immer näher, enger und heißer hereinzog. Über mir hört' ich den fernen Fall der Lauwinen, unter mir den ersten Tritt eines unermeßlichen Erdbebens. Die Kirche schwankte auf und nieder von zwei unaufhörlichen Mißtönen, die in ihr miteinander kämpften und vergeblich zu einem Wohllaut zusammenfließen wollten. Zuweilen hüpfte an ihren Fenstern ein grauer Schimmer hinan, und unter dem Schimmer lief das Blei und Eisen zerschmolzen nieder. Das Netz des Nebels und die schwankende Erde rückten mich in den Tempel, vor dessen Tore in zwei Gift-Hecken zwei Basilisken funkelnd brüteten. Ich ging durch unbekannte Schatten, denen alte Jahrhunderte aufgedrückt waren. – Alle Schatten standen um den Altar, und allen zitterte und schlug statt des Herzens die Brust. Nur ein Toter, der erst in die Kirche begraben worden, lag noch auf seinen Kissen ohne eine zitternde Brust, und auf seinem lächelnden Angesicht stand ein glücklicher Traum. Aber da ein Lebendiger hineintrat, erwachte er und lächelte nicht mehr, er schlug mühsam ziehend das schwere Augenlid auf, aber innen lag kein Auge, und in der schlagenden Brust war statt des Herzens eine Wunde. Er hob die Hände empor und faltete sie zu einem Gebete; aber die Arme verlängerten sich und löseten sich ab, und die Hände fielen gefaltet hinweg. Oben am Kirchengewölbe stand das Zifferblatt der *Ewigkeit*, auf dem keine Zahl erschien und das sein eigner Zeiger war; nur ein schwarzer Finger zeigte darauf, und die Toten wollten die *Zeit* darauf sehen.

Jetzo sank eine hohe edle Gestalt mit einem unvergänglichen Schmerz aus der Höhe auf den Altar hernieder, und alle Toten riefen: »Christus! ist kein Gott?«
Er antwortete: »Es ist keiner.«

Der ganze Schatten jedes Toten erbebte, nicht bloß die Brust allein, und einer um den andern wurde durch das Zittern zertrennt.

Christus fuhr fort: »Ich ging durch die Welten, ich stieg in die Sonnen und flog mit den Milchstraßen durch die Wüsten des Himmels; aber es ist kein Gott. Ich stieg herab, soweit das Sein seine Schatten wirft, und schauete in den Abgrund und rief: ›Vater, wo bist du?‹ Aber ich hörte nur den ewigen Sturm, den niemand regiert, und der schimmernde Regenbogen aus Wesen stand ohne eine Sonne, die ihn schuf, über dem Abgrunde und tropfte hinunter. Und als ich aufblickte zur unermeßlichen Welt nach dem göttlichen *Auge*, starrte sie mich mit einer leeren bodenlosen *Augenhöhle* an; und die Ewigkeit lag auf dem Chaos und zernagte es und wiederkäuete sich. – Schreiet fort, Mißtöne, zerschreiet die Schatten; denn Er ist nicht!«

Die entfärbten Schatten zerflatterten, wie weißer Dunst, den der Frost gestaltet, im warmen Hauche zerrinnt; und alles wurde leer. Da kamen, schrecklich für das Herz, die gestorbenen Kinder, die im Gottesacker erwacht waren, in den Tempel und warfen sich vor die hohe Gestalt am Altare und sagten: »Jesus! haben wir keinen Vater?« – Und er antwortete mit strömenden Tränen: »Wir sind alle Waisen, ich und ihr, wir sind ohne Vater.«

Da kreischten die Mißtöne heftiger – die zitternden Tempelmauern rückten auseinander – und der Tempel und die Kinder sanken unter – und die ganze Erde und die Sonne sanken nach – und das ganze Weltgebäude sank mit seiner Unermeßlichkeit vor uns vorbei – und oben am Gipfel der unermeßlichen Natur stand Christus und schauete in das mit tausend Sonnen durchbrochne Weltgebäude herab, gleichsam in das in die ewige Nacht gewühlte Bergwerk, in dem die Sonnen wie Grubenlichter und die Milchstraßen wie Silberadern gehen.

Und als Christus das reibende Gedränge der Welten, den Fackeltanz der himmlischen Irrlichter und die Korallenbänke schlagender Herzen sah, und als er sah, wie eine Weltkugel um die andere ihre glimmenden Seelen auf das Totenmeer ausschüttete, wie eine Wasserkugel schwimmende Lichter auf die Wellen streuet: so hob er groß wie der höchste Endliche die Augen empor gegen das Nichts und gegen die leere Unermeßlichkeit und sagte: »Starres, stummes Nichts! Kalte, ewige Notwendigkeit! Wahnsinniger Zufall! Kennt ihr das unter euch? Wann zerschlagt ihr das Gebäude und mich? – Zufall, weißt du selber, wenn du mit Orkanen durch das Sternen-Schneegestöber schreitest und eine Sonne um die andere auswehest, und wenn der funkelnde Tau der Gestirne ausblinkt, indem du vorübergehest? – Wie ist jeder so allein in der weiten Leichengruft des All! Ich bin nur neben mir – O Vater! o Vater! wo ist deine unendliche Brust, daß ich an ihr ruhe? – Ach wenn jedes Ich sein eigner Vater und Schöpfer ist, warum kann es nicht auch sein eigner Würgengel sein? ...

Ist das neben mir noch ein Mensch? Du Armer! Euer kleines Leben ist der Seufzer der Natur oder nur sein Echo – ein Hohlspiegel wirft seine Strahlen in die Staubwolken aus Totenasche auf euere Erde hinab, und dann entsteht ihr bewölkten, wankenden Bilder. – Schaue hinunter in den Abgrund, über welchen Aschenwolken ziehen – Nebel voll Welten steigen aus dem Totenmeer, die Zukunft ist ein steigender Nebel, und die Gegenwart ist der fallende. – Erkennst du deine Erde?«

Hier schauete Christus hinab, und sein Auge wurde voll Tränen, und er sagte: »Ach, ich war sonst auf ihr: da war ich noch glücklich, da hatt' ich noch meinen unendlichen Vater und blickte noch froh von den Bergen in den unermeßlichen Himmel und drückte die durchstochne Brust an sein linderndes Bild und sagte noch im herben Tode: ›Vater, ziehe deinen Sohn aus der blutenden Hülle und heb ihn an dein Herz!‹ ... Ach ihr überglücklichen Erdenbewohner, ihr glaubt *Ihn* noch. Vielleicht gehet jetzt euere Sonne unter, und ihr fallet unter Blüten, Glanz und Tränen auf die Knie und hebet die seligen Hände empor und rufet unter tausend Freudentränen zum aufgeschlossenen Himmel hinauf: ›Auch mich kennst du, Unendlicher, und alle meine Wunden, und nach dem Tode empfängst du mich und schließest sie alle.‹ ... Ihr Unglücklichen, nach dem Tode werden sie nicht geschlossen. Wenn der Jammervolle sich mit wundem Rücken in die Erde legt, um einem schönern Morgen voll Wahrheit, voll Tugend und Freude entgegen zu schlummern: so erwacht er im stürmischen Chaos, in der ewigen Mitternacht – und es kommt kein Morgen und keine heilende Hand und kein unendlicher Vater! – Sterblicher neben mir, wenn du noch lebest, so bete Ihn an: sonst hast du Ihn auf ewig verloren.«

Und als ich niederfiel und ins leuchtende Weltgebäude blickte: sah ich die emporgehobenen Ringe der Riesenschlange der Ewigkeit, die sich um das Welten-All gelagert hatte - und die Ringe fielen nieder, und sie umfaßte das All doppelt – dann wand sie sich tausendfach um die Natur – und quetschte die Welten aneinander – und drückte zermalmend den unendlichen Tempel zu einer Gottesacker-Kirche zusammen – und alles wurde eng, düster, bang – und ein unermeßlich ausgedehnter Glokkenhammer sollte die letzte Stunde der Zeit schlagen und das Weltgebäude zersplittern ... als ich erwachte.

Meine Seele weinte vor Freude, daß sie wieder Gott anbeten konnte – und die Feude und das Weinen und der Glaube an ihn waren das Gebet. Und als ich aufstand, glimmte die Sonne tief hinter den vollen purpurnen Kornähren und warf friedlich den Wiederschein ihres Abendrotes dem kleinen Monde zu, der ohne eine Aurora im Morgen aufstieg; und zwischen dem Himmel und der Erde streckte eine frohe vergängliche Welt ihre kurzen Flügel aus und lebte, wie ich, vor dem unendlichen Vater; und von der ganzen Natur um mich flossen friedliche Töne aus, wie von fernen Abendglocken.

Verschwenderische Welt

Aber ich segne das Glück, zu sein, und noch mehr das, fortzusein. O meine Selina, wie wird mir täglich das Leben gleichsam lebendiger, und der Glaube an Fortleben wurzelt weit unter die Schlachtfelder hinunter! – Zeigt mir igendwo das Vergehen! Leben und Entstehen zeigt euch jeder Schritt und jeder Blick. Keine Kraft stirbt unterwegs, sondern ihr Stillstand ist nur Fortdauer ihres Widerstands; und selber das Leblose ist nicht zu töten, sondern verdoppelt sich bloß wie ein Polype, durch Zertrennen, und der Diamant fliegt unter dem Brennspiegel in tausend kleinere verwandelt davon.

O wie bleibt die Erde doch mit allen ihren Vergänglichkeiten und Gräbern so lebendig! Klage mir keiner, das Leben mit seiner Freude sei nur ein schnell aufbrennendes Feuerwerk nah am Wasser mit einem ebenso flüchtigen Widerschein der Erinnerung, und wie viele Anstalten zum kurzen Glanze gemacht werden, wie viel Säulen und Bildsäulen und Gebäude zum Verkleiden des Gerüstes gemacht werden. Es ist ja aber Pulver genug dazu da, und ein einziger lebendiger Funke entwickelt eine Feuerwelt. Warum soll die Natur mit Untergängen geizen, da sie mit Aufgängen und Schöpfungen wuchert?

Nur in den Händen des Menschen zerspringt die Leucht-
kugel in Leuchtkügelchen, aber in der Natur umgekehrt
das Weltchen in Welten, das Kleine ins Große, und der
Ätna hebt sich höher, indem er Berge auswirft.

FRIEDRICH HÖLDERLIN

Hyperion an Bellarmin

Ich habe nichts, wovon ich sagen möchte, es sei mein
eigen.

Fern und tot sind meine Geliebten, und ich vernehme
durch keine Stimme von ihnen nichts mehr.

Mein Geschäft auf Erden ist aus. Ich bin voll Willens
an die Arbeit gegangen, habe geblutet darüber, und die
Welt um keinen Pfenning reicher gemacht.

Ruhmlos und einsam kehr ich zurück und wandre
durch mein Vaterland, das, wie ein Totengarten, weit
umher liegt, und mich erwartet vielleicht das Messer des
Jägers, der uns Griechen, wie das Wild des Waldes, sich
zur Lust hält.

Aber du scheinst noch, Sonne des Himmels! Du
grünst noch, heilige Erde! Noch rauschen die Ströme ins
Meer, und schattige Bäume säuseln im Mittag. Der Won-
negesang des Frühlings singt meine sterblichen Gedan-
ken in Schlaf. Die Fülle der allebendigen Welt ernährt
und sättiget mit Trunkenheit mein darbend Wesen.

O selige Natur! Ich weiß nicht, wie mir geschiehet,
wenn ich mein Auge erhebe vor deiner Schöne, aber alle

Lust des Himmels ist in den Tränen, die ich weine vor dir, der Geliebte vor der Geliebten.

Mein ganzes Wesen verstummt und lauscht, wenn die zarte Welle der Luft mir um die Brust spielt. Verloren ins weite Blau, blick ich oft hinauf an den Aether und hinein ins heilige Meer, und mir ist, als öffnet' ein verwandter Geist mir die Arme, als löste der Schmerz der Einsamkeit sich auf ins Leben der Gottheit.

Eines zu sein mit Allem, das ist Leben der Gottheit, das ist der Himmel des Menschen.

Eines zu sein mit Allem, was lebt, in seliger Selbstvergessenheit wiederzukehren ins All der Natur, das ist der Gipfel der Gedanken und Freuden, das ist die heilige Bergeshöhe, der Ort der ewigen Ruhe, wo der Mittag seine Schwüle und der Donner seine Stimme verliert und das kochende Meer der Woge des Kornfelds gleicht.

Eines zu sein mit Allem, was lebt! Mit diesem Worte legt die Tugend den zürnenden Harnisch, der Geist des Menschen den Zepter weg, und alle Gedanken schwinden vor dem Bilde der ewigeinen Welt, wie die Regeln des ringenden Künstlers vor seiner Urania, und das eherne Schicksal entsagt der Herrschaft, und aus dem Bunde der Wesen schwindet der Tod, und Unzertrennlichkeit und ewige Jugend beseliget, verschönert die Welt.

Auf dieser Höhe steh ich oft, mein Bellarmin! Aber ein Moment des Besinnens wirft mich herab. Ich denke nach und finde mich, wie ich zuvor war, allein, mit allen Schmerzen der Sterblichkeit, und meines Herzens Asyl, die ewigeinige Welt, ist hin; die Natur verschließt die Arme, und ich stehe, wie ein Fremdling, vor ihr, und verstehe sie nicht.

Ach! wär ich nie in eure Schulen gegangen. Die Wissenschaft, der ich in den Schacht hinunter folgte, von der ich, jugendlich töricht, die Bestätigung meiner reinen Freude erwartete, die hat mir alles verdorben.

Ich bin bei euch so recht vernünftig geworden, habe gründlich mich unterscheiden gelernt von dem, was mich umgibt, bin nun vereinzelt in der schönen Welt, bin so ausgeworfen aus dem Garten der Natur, wo ich wuchs und blühte, und vertrockne an der Mittagssonne.

O ein Gott ist der Mensch, wenn er träumt, ein Bettler, wenn er nachdenkt, und wenn die Begeisterung hin ist, steht er da, wie ein mißratener Sohn, den der Vater aus dem Hause stieß, und betrachtet die ärmlichen Pfennige, die ihm das Mitleid auf den Weg gab.

Hyperions Schicksalslied

Ihr wandelt droben im Licht
   Auf weichem Boden, selige Genien!
      Glänzende Götterlüfte
      Rühren euch leicht,
         Wie die Finger der Künstlerin
         Heilige Saiten.

Schicksallos, wie der schlafende
   Säugling, atmen die Himmlischen;
      Keusch bewahrt
      In bescheidener Knospe,
         Blühet ewig
            Ihnen der Geist,
               Und die seligen Augen
               Blicken in stiller
                  Ewiger Klarheit.

Doch uns ist gegeben,
Auf keiner Stätte zu ruhn,
Es schwinden, es fallen
Die leidenden Menschen
Blindlings von einer
Stunde zur andern,
Wie Wasser von Klippe
Zu Klippe geworfen,
Jahr lang ins Ungewisse hinab.

NOVALIS

Zueignung

Du hast in mir den edeln Trieb erregt
Tief ins Gemüt der weiten Welt zu schauen;
Mit deiner Hand ergriff mich ein Vertrauen,
Das sicher mich durch alle Stürme trägt.

Mit Ahndungen hast du das Kind gepflegt,
Und zogst mit ihm durch fabelhafte Auen;
Hast, als das Urbild zartgesinnter Frauen,
Des Jünglings Herz zum höchsten Schwung bewegt.

Was fesselt mich an irdische Beschwerden?
Ist nicht mein Herz und Leben ewig Dein?
Und schirmt mich Deine Liebe nicht auf Erden?

Ich darf für Dich der edlen Kunst mich weihn;
  Denn Du, Geliebte, willst die Muse werden,
  Und stiller Schutzgeist meiner Dichtung sein.

In ewigen Verwandlungen begrüßt
  Uns des Gesangs geheime Macht hienieden,
  Dort segnet sie das Land als ewger Frieden,
  Indes sie hier als Jugend uns umfließt.

Sie ists, die Licht in unsre Augen gießt,
  Die uns den Sinn für jede Kunst beschieden,
  Und die das Herz der Frohen und der Müden
  In trunkner Andacht wunderbar genießt.

An ihrem vollen Busen trank ich Leben;
  Ich ward durch sie zu allem, was ich bin,
  Und durfte froh mein Angesicht erheben.

Noch schlummerte mein allerhöchster Sinn;
  Da sah ich sie als Engel zu mir schweben,
  Und flog, erwacht, in ihrem Arm dahin.

HEINRICH VON KLEIST

Brief an Otto August Rühle von Lilienstern

Welch eine Kurzsichtigkeit, o Du edler Mensch, gehört
dazu, hier, wo alles mit dem Tode endigt, nach etwas zu
streben. Wir begegnen uns, drei Frühlinge lieben wir

uns: und eine Ewigkeit fliehen wir wieder auseinander. Und was ist des Strebens würdig, wenn es die Liebe nicht ist! Ach, es muß noch etwas anderes geben, als Liebe, Glück, Ruhm usw., x, y, z, wovon unsre Seelen nichts träumen.

Es kann kein böser Geist sein, der an der Spitze der Welt steht; es ist ein bloß unbegriffener! Lächeln wir nicht auch, wenn die Kinder weinen? Denke nur, diese unendliche Fortdauer! Myriaden von Zeiträumen, jedweder ein Leben, und für jedweden eine Erscheinung, wie diese Welt! Wie doch das kleine Sternchen heißen mag, das man auf dem Sirius, wenn der Himmel klar ist, sieht? Und dieses ganze ungeheure Firmament nur ein Stäubchen gegen die Unendlichkeit! O Rühle, sage mir, ist dies ein Traum? Zwischen je zwei Lindenblättern, wenn wir abends auf dem Rücken liegen, eine Aussicht, an Ahndungen reicher, als Gedanken fassen, und Worte sagen können. Komm, laß uns etwas Gutes tun, und dabei sterben! Einen der Millionen Tode, die wir schon gestorben sind, und noch sterben werden. Es ist, als ob wir aus einem Zimmer in das andere gehen. Sieh, die Welt kommt mir vor, wie eingeschachtelt; das kleine ist dem großen ähnlich. So wie der Schlaf, in dem wir uns erholen, etwa ein Viertel oder Drittel der Zeit dauert, da wir uns, im Wachen, ermüden, so wird, denke ich, der Tod, und aus einem ähnlichen Grunde, ein Viertel oder Drittel des Lebens dauern. Und grade so lange braucht ein menschlicher Körper, zu verwesen. Und vielleicht gibt es für eine ganze Gruppe von Leben noch einen eignen Tod, wie hier für eine Gruppe von Durchwachungen (Tagen) einen. –

CLEMENS BRENTANO

Über eine Skizze
Verzweiflung an der Liebe in der Liebe

In Liebeskampf? In Todeskampf gesunken?
Ob Atem noch von ihren Lippen fließt?
Ob ihr der Krampf den kleinen Mund verschließt?
Kein Öl die Lampe? oder keinen Funken?

Der Jüngling – betend? tot? in Liebe trunken?
Ob er der Jungfrau höchste Gunst genießt?
Was ist's, das der gefallne Becher gießt?
Hat Gift, hat Wein, hat Balsam sie getrunken?

Des Jünglings Arme, Engelsflügel werden –
Nein Mantelsfalten – Leichentuches Falten.
Um sie strahlt Heil'genschein – zerraufte Haare.

Strahl Himmelslicht, flamm Hölle zu der Erde
Brich der Verzweiflung rasende Gewalten,
Enthüll – verhüll – das Freudenbett – die Bahre.

ADELBERT VON CHAMISSO

Das Schloß Boncourt

Ich träum als Kind mich zurücke
  Und schüttle mein greises Haupt;
Wie sucht ihr mich heim, ihr Bilder,
  Die lang ich vergessen geglaubt?

Hoch ragt aus schatt'gen Gehegen
  Ein schimmerndes Schloß hervor;
Ich kenne die Türme, die Zinnen,
  Die steinerne Brücke, das Tor.

Es schauen vom Wappenschilde
  Die Löwen so traulich mich an;
Ich grüße die alten Bekannten
  Und eile den Burghof hinan.

Dort liegt die Sphinx am Brunnen,
  Dort grünt der Feigenbaum,
Dort, hinter diesen Fenstern,
  Verträumt' ich den ersten Traum.

Ich tret in die Burgkapelle
  Und suche des Ahnherrn Grab;
Dort ist's, dort hängt vom Pfeiler
  Das alte Gewaffen herab.

Noch lesen umflort die Augen
  Die Züge der Inschrift nicht,
Wie hell durch die bunten Scheiben
  Das Licht darüber auch bricht.

So stehst du, o Schloß meiner Väter,
  Mir treu und fest in dem Sinn
Und bist von der Erde verschwunden,
  Der Pflug geht über dich hin.

Sei fruchtbar, o teurer Boden,
  Ich segne dich mild und gerührt,
Und segn' ihn zwiefach, wer immer
  Den Pflug nun über dich führt.

Ich aber will auf mich raffen,
  Mein Saitenspiel in der Hand,
Die Weiten der Erde durchschweifen
  Und singen von Land zu Land.

FRIEDRICH RÜCKERT

Chidher

Chidher, der ewig junge, sprach:
Ich fuhr an einer Stadt vorbei,
Ein Mann im Garten Früchte brach;
Ich fragte, seit wann die Stadt hier sei?
Er sprach, und pflückte die Früchte fort:
Die Stadt steht ewig an diesem Ort,
und wird so stehen ewig fort.

    Und aber nach fünfhundert Jahren
    Kam ich desselbigen Wegs gefahren.

Da fand ich keine Spur der Stadt;
Ein einsamer Schäfer blies die Schalmei,
Die Herde weidete Laub und Blatt;
Ich fragte: Wie lang ist die Stadt vorbei?
Er sprach, und blies auf dem Rohre fort:
Das eine wächst wenn das andre dorrt;
Das ist mein ewiger Weideort.

    Und aber nach fünfhundert Jahren
    Kam ich desselbigen Wegs gefahren.

Da fand ich ein Meer, das Wellen schlug,
Ein Schiffer warf die Netze frei:
Und als er ruhte vom schweren Zug,
Fragt ich, seit wann das Meer hier sei?
Er sprach, und lachte meinem Wort:
Solang als schäumen die Wellen dort,
Fischt man und fischt man in diesem Port.

    Und aber nach fünfhundert Jahren
    Kam ich desselbigen Wegs gefahren.

Da fand ich einen waldigen Raum,
Und einen Mann in der Siedelei,
Er fällte mit der Axt den Baum;
Ich fragte, wie alt der Wald hier sei?
Er sprach: Der Wald ist ein ewiger Hort;
Schon ewig wohn ich an diesem Ort,
Und ewig wachsen die Bäum hier fort.

    Und aber nach fünfhundert Jahren
    Kam ich desselbigen Wegs gefahren.

Da fand ich eine Stadt, und laut
Erschallte der Markt vom Volksgeschrei.
Ich fragte: Seit wann ist die Stadt erbaut?
Wohin ist Wald und Meer und Schalmei?
Sie schrien, und hörten nicht mein Wort:
So ging es ewig an diesem Ort,
Und wird so gehen ewig fort.

Und aber nach fünfhundert Jahren
Will ich desselbigen Weges fahren.

Will denn kein Stern von Himmelszinnen fallen,
Zum Zeichen, daß Sie fiel, die Sternengleiche?
Willst Erde du, da deine schönste Eiche
Entwurzelt sank, nicht seufzend widerhallen?

Soll von des tauben Uhrwerks Rädern allen
Kein Rad denn stocken, brechen keine Speiche,
Daß alles fort im alten Kreislauf schleiche,
Nur Sie allein nicht dürfe weiter wallen?

Ach nur ein Herz, nichts weiter, wird zerrieben;
Ein Leben nur, nichts weiter, wird zersplittert;
Sonst alles geht, wie vor, so nachher wieder:

Und keine Spur ist sonst von Ihr geblieben,
Als daß ein armes Espenblättchen zittert,
Als sei's gerührt vom Odem meiner Lieder.

ARTHUR SCHOPENHAUER

Über den Tod und sein Verhältniß zur Unzerstörbarkeit unsers Wesens an sich

Um so weniger also darf es uns in den Sinn kommen, das Aufhören des Lebens für die Vernichtung des belebenden Princips, mithin den Tod für den gänzlichen Untergang des Menschen zu halten. Weil der kräftige Arm, der, vor dreitausend Jahren, den Bogen des Odysseus spannte, nicht mehr ist, wird kein nachdenkender und wohlgeregelter Verstand die Kraft, welche in demselben so energisch wirkte, für gänzlich vernichtet halten, aber daher, bei fernerem Nachdenken, auch nicht annehmen, daß die Kraft, welche heute den Bogen spannt, erst mit diesem Arm zu existiren angefangen habe. Viel näher liegt der Gedanke, daß die Kraft, welche früher ein nunmehr entwichenes Leben aktuirte, die selbe sei, welche in dem jetzt blühenden thätig ist: ja, dieser ist fast unabweisbar. Gewiß aber wissen wir, daß, wie im zweiten Buche dargethan wurde, nur Das vergänglich ist, was in der Kausalkette begriffen ist: dies aber sind bloß die Zustände und Formen. Unberührt hingegen von dem durch Ursachen herbeigeführten Wechsel dieser bleibt einerseits die Materie und andererseits die Naturkräfte: denn Beide sind die Voraussetzung aller jener Veränderungen. Das uns belebende Princip aber müssen wir zunächst wenigstens als eine Naturkraft denken, bis etwan eine tiefere Forschung uns hat erkennen lassen, was es an sich selbst sei. Also schon als Naturkraft genommen, bleibt die Lebenskraft ganz unberührt von dem Wechsel der Formen und Zustände, welche das Band der Ursachen und Wirkungen herbei- und hinwegführt, und welche allein dem Entstehn und Vergehn, wie es in der Erfahrung vorliegt, unterworfen sind. Soweit also ließe sich schon die Unvergänglichkeit unsers eigentlichen Wesens sicher beweisen. Aber freilich wird dies den Ansprüchen, welche man an Beweise unsers Fortbestehns nach dem Tode zu machen gewohnt ist, nicht genügen, noch den Trost gewähren, den man von solchen erwartet. Indessen ist es immer etwas, und wer den Tod als seine absolute Vernichtung fürchtet, darf die völlige Gewißheit, daß das innerste Princip seines Lebens von demselben unberührt bleibt, nicht verschmähen. – Ja, es ließe sich das Paradoxon aufstellen, daß auch jenes Zweite, welches, eben wie die Naturkräfte, von dem am Leitfaden der Kausalität fortlaufenden Wechsel der Zustände unberührt bleibt, also die Materie, durch seine absolute Beharrlichkeit uns eine Unzerstörbarkeit zusichert, vermöge welcher, wer keine andere zu fassen fähig wäre, sich doch schon einer gewissen Unvergänglichkeit getrösten könnte. »Wie?« wird man sagen, »das Beharren des bloßen Staubes, der rohen Materie, sollte als eine Fortdauer unsers Wesens angesehn werden?« – Oho! kennt ihr denn diesen Staub? Wißt ihr, was er ist und was er vermag? Lernt ihn kennen, ehe ihr ihn verachtet. Diese Materie, die jetzt als Staub und Asche daliegt, wird bald, im Wasser aufgelöst, als Krystall anschießen, wird als Metall glänzen, wird dann elektrische Funken sprühen, wird mittelst ihrer galvanischen Spannung eine Kraft äußern, welche, die festesten Verbindungen zersetzend, Erden zu Metallen reducirt: ja, sie wird von selbst sich zu Pflanze und Thier gestalten und aus ihrem geheimnißvollen Schooß jenes Leben entwickeln, vor dessen Verlust ihr in eurer Beschränktheit so ängstlich besorgt seid. Ist nun, als eine solche Materie fortzudauern, so ganz und gar nichts? Ja, ich behaupte im Ernst, daß selbst diese Beharrlichkeit der Materie von der Unzerstörbarkeit unsers wahren Wesens Zeugniß ablegt, wenn auch nur wie im Bilde und Gleichniß, oder vielmehr nur wie im Schattenriß.

. . .

Wie durch den Eintritt der Nacht die Welt verschwindet, dabei jedoch keinen Augenblick zu seyn aufhört; eben so scheinbar vergeht Mensch und Thier durch den Tod, und eben so ungestört besteht dabei ihr wahres Wesen fort. Nun denke man sich jenen Wechsel von Tod und Geburt in unendlich schnellen Vibrationen, und man hat die beharrliche Objektivation des Willens, die bleibenden Ideen der Wesen vor sich, fest stehend, wie der Regenbogen auf dem Wasserfall. Dies ist die zeitliche Unsterblichkeit. In Folge derselben ist, trotz Jahrtausenden des Todes und der Verwesung, noch nichts verloren gegangen, kein Atom der Materie, noch weniger etwas von dem innern Wesen, welches als die Natur sich darstellt. Demnach können wir jeden Augenblick wohlgemuth ausrufen: »Trotz Zeit, Tod und Verwesung, sind wir noch Alle beisammen!«

JOSEPH VON EICHENDORFF

Wer einmal tief und durstig hat getrunken,
Den zieht zu sich hinab die Wunderquelle,
Daß er melodisch mitzieht selbst als Welle,
Auf der die Welt sich bricht in tausend Funken.

Es wächst sehnsüchtig, stürzt und leuchtet trunken
Jauchzend im Innersten die heil'ge Quelle,
Bald Bahn sich brechend durch die Kluft zur Helle,
Bald kühle rauschend dann in Nacht versunken.

So laß es ungeduldig brausen, drängen!
Hoch schwebt der Dichter drauf in goldnem Nachen,
Sich selber heilig opfernd in Gesängen.

Die alten Felsen spalten sich mit Krachen,
Von drüben grüßen schon verwandte Lieder,
Zum ew'gen Meere führt er alle wieder.

Das Alter

Hoch mit den Wolken geht der Vögel Reise,
Die Erde schläfert, kaum noch Astern prangen,
Verstummt die Lieder, die so fröhlich klangen,
Und trüber Winter deckt die weiten Kreise.

Die Wanduhr pickt, im Zimmer singet leise
Waldvöglein noch, so du im Herbst gefangen.
Ein Bilderbuch scheint alles, was vergangen,
Du blätterst drin, geschützt vor Sturm und Eise.

So mild ist oft das Alter mir erschienen:
Wart' nur, bald taut es von den Dächern wieder
Und über Nacht hat sich die Luft gewendet.

Ans Fenster klopft ein Bot' mit frohen Mienen,
Du trittst erstaunt heraus – und kehrst nicht wieder,
Denn endlich kommt der Lenz, der nimmer endet.

THEODOR KÖRNER

Friedrichs Totenlandschaft

I

Die Erde schweigt mit tiefem, tiefem Trauern,
Vom leisen Geisterhauch der Nacht umflüstert.
Horch, wie der Sturm in alten Eichen knistert
Und heulend braust durch die verfallnen Mauern!

Auf Gräbern liegt, als wollt' er ewig dauern,
Ein tiefer Schnee, der Erde still verschwistert,
Und finstrer Nebel, der die Nacht umdüstert,
Umarmt die Welt mit kalten Todesschauern.

Es blickt der Silbermond in bleichem Zittern
Mit stiller Wehmut durch die öden Fenster.
Auch seiner Strahlen sanftes Licht verglüht.

Und leis und langsam zu des Kirchtors Gittern,
Still wie das Wandern nächtlicher Gespenster,
Ein Leichenzug mit Geisterschritten zieht.

II

Und plötzlich hör ich süße Harmonien,
Wie Gottes Wort, in Töne ausgegossen,
Und Licht, als wie dem Kruzifix entsprossen,
Und meines Sternes Schimmer seh ich glühen.

Da wird mir's klar in jenen Melodien:
Der Quell der Gnade ist in Tod geflossen,

Und jene sind der Seligkeit Genossen,
Die durch das Grab zum ew'gen Lichte ziehen.

So mögen wir das Werk des Künstlers schauen!
Ihn führte herrlich zu dem schönsten Ziele
Der holden Musen süße, heil'ge Gunst.

Hier darf ich kühn dem eignen Herzen trauen;
Nicht kalt bewundern soll ich, nein, ich fühle,
Und im Gefühl vollendet sich die Kunst.

Abschied vom Leben

Als ich in der Nacht vom 17. zum 18. Juni 1813
schwer verwundet und hilflos in einem Holze lag
und zu sterben meinte

Die Wunde brennt, – die bleichen Lippen beben. –
Ich fühl's an meines Herzens mattem Schlage:
Hier steh ich an den Marken meiner Tage. –
Gott, wie du willst! dir hab ich mich ergeben. –

Viel goldne Bilder sah ich um mich schweben;
Das schöne Traumbild wird zur Totenklage. –
Mut! Mut! – Was ich so treu im Herzen trage,
Das muß ja doch dort ewig mit mir leben! –

Und was ich hier als Heiligtum erkannte,
Wofür ich rasch und jugendlich entbrannte,
Ob ich's nun Freiheit, ob ich's Liebe nannte:

Als lichten Seraph seh ich's vor mir stehen; –
Und wie die Sinne langsam mir vergehen,
Trägt mich ein Hauch zu morgenroten Höhen.

PERCY BYSSHE SHELLEY

Ode an den Westwind

I

O wilder Westwind, Herbstes Atem, du,
vor dem, wie vor des Zauberers Gebot,
die Blätter fliehn gleich Geistern ohne Ruh,

vergilbt und schwarz, blaß oder hektisch rot,
von Pest befallen, hingerafft in Scharen,
du trägst ins Winterbett, als wär'n sie tot,

die Samen, kalt und starr auf ihren Bahren,
bis deine blaue Schwester, Frühlingswind,
sie weckt mit einem Stoß ihrer Fanfaren

und füllt (als trieb' sie Knospenherden lind
und süß zu luft'ger Weide vor sich her)
mit Duft und Farbe Berg und Tal geschwind.

Du, wilder Geist, wehst über Land und Meer,
Zerstörer und Bewahrer: Hör, o hör!

II

Du, der auf seines wilden Stromes Tosen
die Wolken trägt, Gewitterengeln gleich,
geschüttelt aus dem Himmel wie die losen

Blattreste mächt'ger Kronen, überreich
weht um dein Antlitz regenschwere Fracht.
Mänadenhaar, in Strömen voll und weich,

treibt auf der blauen Woge hin mit Macht,
vom Horizont bis zum Zenit empor
weht hoch des nahen Sturmes Lockenpracht.

Du Requiem des Jahrs im dunklen Chor
des Doms, den diese Nacht jetzt ringsumher
zum Grabgewölbe macht. Dann bricht hervor

geballte Macht der Atmosphäre schwer
als schwarzer Regen, Feuer, Hagel: Hör!

III

Du, der du aus den sanften Sommerträumen
den Golf von Baia weckst, der schlafend ruht,
von Bildern eingelullt, die ihn umsäumen,

Turm, Schloß und Insel schwankend auf der Flut
im Spiel der Wellen, moosbewachsne Zinne,
schwach atmend in der trägen Mittagsglut.

Und alles schwer von Blüten, daß die Sinne
berauscht erschlaffen. – Da ertönt dein Mund,
und alles Leben hält erschauernd inne.
Und der Atlantik klafft, tief auf dem Grund
vernimmt der Schlammwald dich, und sein vom Meer
gebleichtes Laub erbebt, und ihm wird kund

die Stimme, die er kennt, und ringsumher
erzittert alles grau vor Angst: o hör.

IV

Wär' ich das Blatt, das du ins Grab geleitest,
die Wolke, um mit dir davonzufliegen,
die Welle unter dir, auf der du reitest,

könnt' ich, du Unbezähmbarer, mich schmiegen
in dich, dir gleich sein, wenn auch nicht so frei,
wär' ich noch einmal jung: dich einzukriegen

erschien mir damals in der Kindheit Mai
beinahe möglich, wenn ich mich nur spute,
ich schickte nicht zu dir hier diesen Schrei

aus tiefer Not mit allerletztem Mute.
O wär' ich Welle, Wolke, Blatt – sieh hier:
des Lebens Dornen sind mein Bett, ich blute!

Schwer liegt der Jahre Kettenlast auf mir
und fesselt den, der, ach, zu ähnlich dir.

V

Mach mich, wie diesen Wald, zu deiner Leier,
daß ich wie er mein welkes Laub verschwende,
Nimm von uns beiden für die große Feier

des Herbstes einen dunklen Ton und wende
in süße Trauer ihn. In meinem Leibe
sei du mein Geist, nimm mich in deine Hände.

Die abgestorbenen Gedanken treibe
wie welkes Laub davon, daß Neues werde.
Von diesem meinem Vers beschworen, reibe

die Asche von der Glut im kalten Herde,
laß meine Worte wie die Funken streu'n
unter die ganze Menschheit. Laß der Erde

durch mich, o wilder Westwind, prophezein:
Kommt Winter jetzt, kann fern der Frühling sein?

JOHN KEATS

Sonett von der Zeit

Wenn mich die Furcht befällt, ich müßte gehn,
Eh ich die Ernte meines Geists gehalten,
Eh Bücher, hochgetürmt, in Reihen stehn
Und, Speichern gleich, das reife Korn verwalten;

Wenn vor der Nacht sternstrahlendem Gesicht
Mir hohe Bilder aufziehn und entfliehn
Und mich die Angst faßt, ich erleb' es nicht,
Sie magisch, mit der Glückshand, nachzuziehn;

Und wenn ich fühl, du Schönheit einer Stunde,
Daß ich dich nie mehr seh – die Zeit ist um –
Von deiner Feenmacht nie mehr gesunde –
Du hast mich nie geliebt – dann steh ich stumm

Am Strand der weiten Welt, versenkt in Sinnen,
Bis Ruhm und Liebe in ihr Nichts verrinnen.

Wer wußte je das Leben recht zu fassen,
Wer hat die Hälfte nicht davon verloren
Im Traum, im Fieber, im Gespräch mit Toren,
In Liebesqual, im leeren Zeitverprassen?

Ja, der sogar, der ruhig und gelassen,
Mit dem Bewußtsein, was er soll, geboren,
Frühzeitig einen Lebensgang erkoren,
Muß vor des Lebens Widerspruch erblassen.

Denn jeder hofft doch, daß das Glück ihm lache,
Allein das Glück, wenn's wirklich kommt, ertragen,
Ist keines Menschen, wäre Gottes Sache.

Auch kommt es nie, wir wünschen bloß und wagen:
Dem Schläfer fällt es nimmermehr vom Dache,
Und auch der Läufer wird es nicht erjagen.

HEINRICH HEINE

Die Porträtsammlung in Genua

Die Sammlung von Porträts schöner Genueserinnen, die
im Palast Durazzo gezeigt wird, darf ich nimmermehr
unerwähnt lassen. Nichts auf der Welt kann unsre Seele
trauriger stimmen, als solcher Anblick von Porträts

schöner Frauen, die schon seit einigen Jahrhunderten tot sind. Melancholisch überkriecht uns der Gedanke: daß von den Originalen jener Bilder, von all jenen Schönen, die so lieblich, so kokett, so witzig, so schalkhaft und so schwärmerisch waren, von all jenen Maiköpfchen mit Aprillaunen, von jenem ganzen Frauenfrühling nichts übrig geblieben ist, als diese bunten Schatten, die ein Maler, der gleich ihnen längst vermodert ist, auf ein morsch Stückchen Leinwand gepinselt hat, das ebenfalls mit der Zeit in Staub zerfällt und verweht. So geht alles Leben, das Schöne eben so wie das Häßliche, spurlos vorüber, der Tod, der dürre Pedant, verschont die Rose eben so wenig wie die Distel, er vergißt auch nicht das einsame Hälmchen in der fernsten Wildnis, er zerstört gründlich und unaufhörlich, überall sehen wir, wie er Pflanzen und Tiere, die Menschen und ihre Werke, zu Staub zerstampft, und selbst jene ägyptischen Pyramiden, die seiner Zerstörungswut zu trotzen scheinen, sie sind nur Trophäen seiner Macht, Denkmäler der Vergänglichkeit, uralte Königsgräber.

Aber noch schlimmer als dieses Gefühl eines ewigen Sterbens, einer öden gähnenden Vernichtung, ergreift uns der Gedanke, daß wir nicht einmal als Originale dahinsterben, sondern als Kopien von längst verschollenen Menschen, die geistig und körperlich uns gleich waren, und daß nach uns wieder Menschen geboren werden, die wieder ganz aussehen und fühlen und denken werden wie wir, und die der Tod ebenfalls wieder vernichten wird – ein trostlos ewiges Wiederholungsspiel, wobei die zeugende Erde beständig hervorbringen und mehr hervorbringen muß, als der Tod zu zerstören vermag, so daß sie, in solcher Not, mehr für die Erhaltung der Gattungen als für die Originalität der Individuen sorgen kann.

GIACOMO LEOPARDI

An den Frühling
oder
von den alten Mythen

Da den unwirtlichen Himmel
die Sonne freundlich stimmt und die kranken Lüfte
Zephir belebt, daß verjagt und zerstreut der Wolken
lastender Schatten in den Tälern versinkt,
Vögel die wehrlose Brust
dem Winde anvertraun und der lachende Tag
neues Liebessehnen und neues Hoffen
in den lichteren Wäldern, im schmelzenden Schnee
wiedererweckt bei den unruhig witternden Tieren,
kehrt da in die schmerzvergrabenen matten Herzen
der Menschen etwa die schöne
Jugend zurück, die das Unglück und die düstere
Fackel der Wahrheit verzehrten
vor der Zeit? Sind nicht verdunkelt und erloschen
für den Ärmsten in Ewigkeit die Strahlen
des Phöbus? Duftender Frühling,
begeisterst du noch einmal, versuchst du erneut
dieses erkaltete Herz, das des Alters Plagen
bitter erlernt in blühenden Jugendtagen?

Du lebst, du lebst also, heilige
Natur? Du lebst noch, und das entwöhnte Ohr
vernimmt den Klang der mütterlichen Stimme?
Heimstatt schimmernder Nymphen waren die Bäche,
stille Heimstatt zuvor
und Spiegel die lauteren Quellen. Unsterblicher Füße

geheimnisvoller Tanz ließ die schroffen Gipfel
und unwegsamen Wälder erbeben (heute
der Winde einsamer Horst), und der Hirtenbube,
der mittags in flimmernden Schatten zum blühenden
                    Strande
des Flusses die dürstenden Lämmer
behutsam leitete, hörte das schrille Lied
des ländlichen Pan erklingen
die Ufer entlang und sah die Wellen sich kräuseln
und staunte, weil dort, unsichtbar für menschliche
                    Augen,
die köcherbewehrte Göttin
sich in den klaren warmen Fluten erquickte
und vom Staube der Jagd und dem Blut ihrer Beute
den schneeweißen Leib und die keuschen Glieder
                    befreite.

Es lebten die Blumen und Kräuter,
es lebten die Wälder einst. Es nahmen die milden
Winde, die Wolken und die titanische Fackel
Anteil am Menschengeschlecht, als deiner nackten
Gestalt über Felder und Hügel,
schimmernde kyprische Göttin, in einsamer Nacht
mit aufmerksamem Blicke der Wanderer folgte
und dich als Gefährtin, besorgt um sterbliche Wesen,
sich dachte. Und wenn einer damals der zuchtlosen
                    Bürger
Gemeinschaft und ihren tödlichen Zorn, ihre Schande
zu meiden suchte und einsam
in der Tiefe des Waldes die rauhen Stämme
umfaßte, er glaubte, es ströme
lebendiges Feuer durch die blutlosen Fasern,
die Blätter atmeten und zusammenzucke

in schmerzhaft wilder Umarmung
Daphne drinnen oder die traurige Phyllis,
oder er höre Klymenens Töchter klagen
um ihres Bruders Sturz vom Sonnenwagen.

Und des menschlichen Leides
Klagegesang fand euch, ihr schroffen Klüfte
der Berge, nicht achtlos, solange einsam in euren
schreckenerregenden Spalten Echo wohnte,
nicht hohler Schall der Lüfte,
sondern der unglückselige Geist der Nymphe,
die unerträgliches Liebesleid, die ein hartes
Schicksal der zarten Glieder beraubte. In Höhlen,
auf nackten Felsen, an trostlosen Orten tat sie
den wohlbekannten Kummer, unsere dumpfen,
erstickten Klagen der Wölbung
des Himmels kund. Auch du, berichtet die Sage,
kanntest die Lose der Menschen,
sangeskundiger Vogel, der nun die Rückkehr
des Frühlings im schattigen Walde besingt, und klagtest
in tiefer Stille der Felder
zum stummen und dunklen Himmel empor über altes
Unheil und ruchlose Schuld und des Tages Erblinden
aus bitterem Jammer und Zorn über menschliche
                    Sünden.

Doch nicht verwandt mit dem unsern
ist dein Geschlecht. Denn deine klangreichen Lieder
gebiert nicht der Schmerz, und, frei von Schuld, verbirgt
                    dich,
uns nun weit weniger teuer, das schattige Tal.
Wehe uns! Leer sind wieder
die Räume des hohen Olymp, und blind irrt der Donner

im schwarzen Gewölk durchs Gebirge, und
                gleichermaßen
versetzt er die schuldige und die schuldlose Brust
in kalten Schrecken. Die mütterliche Erde,
fremd und der eignen Geschöpfe sich nicht mehr
                bewußt,
zieht traurige Seelen groß.
Höre denn du die unseligen Sorgen und schnöden
Geschicke der Sterblichen an,
schöne Natur, und entfache die alte Glut
in meinem Herzen wieder! Wenn du nur lebst!
Wenn nur ein Wesen im Himmel,
auf sonnenbeschienener Erde oder in tiefen
Fluten des Meeres unsere Leiden beachtet,
nicht sich ihrer erbarmt, aber doch sie betrachtet!

NIKOLAUS LENAU

Rings ein Verstummen, ein Entfärben;
Wie sanft den Wald die Lüfte streicheln,
Sein welkes Laub ihm abzuschmeicheln;
Ich liebe dieses milde Sterben.

Von hinnen geht die stille Reise,
Die Zeit der Liebe ist verklungen,
Die Vögel haben ausgesungen,
Und dürre Blätter sinken leise.

Die Vögel zogen nach dem Süden,
Aus dem Verfall des Laubes tauchen
Die Nester, die nicht Schutz mehr brauchen,
Die Blätter fallen stets, die müden.

In dieses Waldes leisem Rauschen
Ist mir als hör ich Kunde wehen,
Daß alles Sterben und Vergehen
Nur heimlichstill vergnügtes Tauschen.

THEODOR STORM

Wohl fühl ich, wie das Leben rinnt

Wohl fühl ich, wie das Leben rinnt
Und daß ich endlich scheiden muß,
Daß endlich doch das letzte Lied
Und endlich kommt der letzte Kuß.

Noch häng ich fest an deinem Mund
In schmerzlich bangender Begier;
Du gibst der Jugend letzten Kuß,
Die letzte Rose gibst du mir.

Du schenkst aus jenem Zauberkelch
Den letzten goldnen Trunk mir ein;
Du bist aus jener Märchenwelt
Mein allerletzter Abendschein.

Am Himmel steht der letzte Stern,
O halte nicht dein Herz zurück;
Zu deinen Füßen sink ich hin,
O fühl's, du bist mein letztes Glück!

Laß einmal noch durch meine Brust
Des vollsten Lebens Schauer wehn,
Eh seufzend in die große Nacht
Auch meine Sterne untergehn.

Wie wenn das Leben wär nichts andres

Natur, du kannst mich nicht vernichten,
Weil es dich selbst vernichten heißt.
Hebbel

Wie wenn das Leben wär nichts andres
Als das Verbrennen eines Lichts!
Verloren geht kein einzig Teilchen,
Jedoch wir selber gehn ins Nichts!

Denn was wir Leib und Seele nennen,
So fest in eins gestaltet kaum,
Es löst sich auf in Tausendteilchen
Und wimmelt durch den öden Raum.

Es waltet stets dasselbe Leben,
Natur geht ihren ew'gen Lauf;
In tausend neuerschaffnen Wesen
Stehn diese tausend Teilchen auf.

Das Wesen aber ist verloren,
Das nur durch ihren Bund bestand,
Wenn nicht der Zufall die verstäubten
Aufs neu zu einem Sein verband.

THEODOR FONTANE

Ja, das möcht ich noch erleben

Eigentlich ist mir alles gleich,
Der eine wird arm, der andre wird reich,
Aber mit Bismarck – was wird das noch geben?
Das mit Bismarck, das möcht ich noch erleben.

Eigentlich ist alles soso,
Heute traurig, morgen froh,
Frühling, Sommer, Herbst und Winter,
Ach, es ist nicht viel dahinter.
Aber mein Enkel, so viel ist richtig,
Wird mit nächstem vorschulpflichtig,
Und in etwa vierzehn Tagen
Wird er eine Mappe tragen,
Löschblätter will ich ins Heft ihm kleben –
Ja, das möcht ich noch erleben.

Eigentlich ist alles nichts,
Heute hälts, und morgen brichts,
Hin stirbt alles, ganz geringe
Wird der Wert der ird'schen Dinge;
Doch wie tief herabgestimmt
Auch das Wünschen Abschied nimmt,
Immer klingt es noch daneben:
Ja, das möcht ich noch erleben.

Immer wieder

Der Winter ging, der Sommer kam.
Er bringt aufs neue wieder
Den vielbeliebten Wunderkram
Der Blumen und der Lieder.

Wie das so wechselt Jahr um Jahr,
Betracht ich fast mit Sorgen.
Was lebte, starb, was ist, es war,
Und heute wird zu morgen.

Stets muß die Bildnerin Natur
Den alten Ton benützen,
In Haus und Garten, Wald und Flur,
Zu ihren neuen Skizzen.

FRIEDRICH NIETZSCHE

Oh Mensch! Gieb Acht!
Was spricht die tiefe Mitternacht?
»Ich schlief, ich schlief –,
Aus tiefem Traum bin ich erwacht: –
Die Welt ist tief,
Und tiefer als der Tag gedacht.
Tief ist ihr Weh –,
Lust – tiefer noch als Herzeleid:
Weh spricht: Vergeh!
Doch alle Lust will Ewigkeit –,
– will tiefe, tiefe Ewigkeit!«

Der Wanderer

Wer nur einigermaassen zur Freiheit der Vernunft ge-
kommen ist, kann sich auf Erden nicht anders fühlen,
denn als Wanderer, – wenn auch nicht als Reisender
nach einem letzten Ziele: denn dieses giebt es nicht.
Wohl aber will er zusehen und die Augen dafür offen ha-
ben, was Alles in der Welt eigentlich vorgeht; desshalb
darf er sein Herz nicht allzufest an alles Einzelne hängen;
es muss in ihm selber etwas Wanderndes sein, das seine
Freude an dem Wechsel und der Vergänglichkeit habe.

WILLIAM BUTLER YEATS

Segeln nach Byzanz

I

Das ist kein Land für alte Männer. Die Jungen
einander in den Armen, Vögel in den Bäumen
– jene sterbenden Geschlechter – bei ihrem Lied,
die Lachsfälle, die makrelenreichen Meere,
Fisch, Fleisch oder Vögel preisen den ganzen Sommer,
was gezeugt, geboren wird und stirbt;
in dieser sinnlichen Musik gefangen, vernachlässigen alle
Denkmäler des nicht alternden Geistes.

II

Ein betagter Mann ist nur ein klägliches Etwas,
ein zerfetzter Mantel auf einem Stock, es sei denn,
die Seele klatsche in die Hände und singe und singe
         lauter,
jedem Fetzen in ihrem sterblichen Gewand zum Trotz.
Doch gibt es keine andere Singschule als das Studium
der Denkmäler ihrer eigenen Herrlichkeit;
und deshalb bin ich über die Meere gesegelt und
zur heiligen Stadt Byzanz gekommen.

III

O ihr Weisen, die ihr in Gottes heiligem Feuer steht
wie in dem goldenen Mosaik einer Wand,
kommt aus dem heiligen Feuer, dreht euch im Kreise
und seid die Gesangsmeister meiner Seele.

Verzehrt mein Herz; krank vor Verlangen
und an ein sterbendes Tier gebunden,
weiß es nicht, was es ist; und laßt mich eingehen
in das Kunstwerk der Ewigkeit.

IV

Losgelöst aus der Natur, werde ich nie wieder
meine körperliche Gestalt den natürlichen Dingen
          entnehmen,
sondern solchen Gestalten, wie sie griechische
          Goldschmiede herstellen,
aus gehämmertem Gold und Goldemail schaffen,
um einen schläfrigen Kaiser wachzuhalten;
oder um auf einem goldenen Zweig
den Damen und Herren von Byzanz zu singen
von dem, was vorbei ist, vorübergeht oder kommt.

Lapislazuli

Für Harry Clifton

Ich habe gehört, daß hysterische Frauen sagen,
sie seien der Palette und des Geigenbogens überdrüssig,
der Dichter, die immer heiter sind,
denn jeder wisse oder sollte es doch wissen,
daß, wenn nichts Drastisches geschieht,
Flugzeug und Zeppelin erscheinen
und wie König Billy Bombenbälle hineinwerfen werden,
bis die Stadt dem Erdboden gleich ist.

Alle spielen ihr tragisches Stück,
dort stolziert Hamlet, da ist Lear,
das ist Ophelia, das Cordelia;
doch, sollte dies die letzte Szene sein,
der große Vorhang gleich fallen,
wenn sie ihrer großen Rolle in dem Stück würdig sind,
unterbrechen sie nicht, um zu weinen.
Sie wissen, daß Hamlet und Lear heiter sind;
Heiterkeit, die all das Schreckliche verklärt.
Alle Menschen haben gestrebt, gefunden und verloren;
Verdunklung; der Himmel leuchtet grell in das Haupt;
Tragödie bis zum äußersten gesteigert.
Obgleich Hamlet wirr spricht und Lear wütet
und alle Bühnenbilder zugleich niedergelassen werden
auf hunderttausend Bühnen,
kann die Tragödie nicht größer werden, nicht um einen
          Zoll oder eine Unze.

Sie kamen zu Fuß oder zu Schiff,
auf dem Rücken der Kamele, der Pferde, der Esel, der
          Maultiere,
alte Kulturen, die über die Klinge springen,
dann gingen sie und ihre Weisheit zugrunde:
Keine Arbeit aus der Hand des Kallimachos stand mehr,
der Marmor behandelte, als ob es Bronze wäre,
Faltengewänder schuf, die sich zu heben schienen,
wenn der Seewind um die Ecke fegte.
Sein langer Lampenzylinder, gestaltet wie der Stamm
einer schlanken Palme, stand nur einen Tag;
alle Dinge fallen und werden wieder gebaut.
Und die sie wieder bauen, sind heiter.

Zwei Chinesen, hinter ihnen ein dritter,
sind in Lapislazuli geschnitzt,
über ihnen fliegt ein langbeiniger Vogel,
ein Symbol der Langlebigkeit;
der dritte, zweifellos ein Diener,
trägt ein Musikinstrument.

Jede Verfärbung des Steines,
jeder zufällige Riß oder Spalt,
scheint ein Wasserlauf oder eine Lawine zu sein
oder ein steiler Hang, wo es noch schneit,
obgleich zweifellos Pflaume und Kirschenzweig
mit süßem Duft das kleine Rasthaus erfüllen,
zu dem jene Chinesen emporsteigen, und zum
              Vergnügen
stelle ich mir vor, wie sie dort sitzen,
dort unverwandt den Berg und den Himmel,
die ganze tragische Szene betrachten.
Einer bittet um traurige Melodien;
wohlgeübte Finger beginnen zu spielen.
Ihre Augen zwischen vielen Runzeln, ihre Augen,
ihre uralten, glitzernden Augen sind heiter.

Komm in den totgesagten park und schau:
Der schimmer ferner lächelnder gestade·
Der reinen wolken unverhofftes blau
Erhellt die weiher und die bunten pfade.

Dort nimm das tiefe gelb· das weiche grau
Von birken und von buchs· der wind ist lau·
Die späten rosen welkten noch nicht ganz·
Erlese küsse sie und flicht den kranz·

Vergiss auch diese lezten astern nicht·
Den purpur um die ranken wilder reben
Und auch was übrig blieb von grünem leben
Verwinde leicht im herbstlichen gesicht.

ANDRÉ GIDE

Aus dem Tagebuch

10. Mai

Man verfällt einem gewissen ... Romantizismus, wenn
man untröstlich darüber ist, daß die Dinge nicht anders
sind, als sie sind; das heißt, als sie überhaupt sein kön-
nen. Auf der Wirklichkeit müssen wir unsere Weisheit
aufbauen und nicht auf unserer Einbildung. Sogar den
Tod müssen wir akzeptieren, und wir müssen uns dazu
erheben, ihn zu begreifen; zu begreifen sogar, daß die
wundervolle Schönheit dieser Welt gerade daher rührt;
daß nichts auf der Welt dauert und daß unaufhörlich das
eine Platz und Stoff lassen muß, damit das andere, was
noch nicht gewesen ist, entstehen kann; dasselbe, aber
erneuert und verjüngt, dasselbe und doch unmerklich je-
ner Vollkommenheit näher, nach der es unbewußt strebt
und aus der sich langsam das Angesicht Gottes formt.
Immer im Werden und niemals vollendet, seit dem un-
denkbaren Abgrund der Vergangenheit bis zu dem un-
denkbaren »Ende aller Zeiten«.
Nichts Ärgerlicheres, nichts Unsinnigeres als das:
            Was soll all das, was nicht ewig währt?
– wenn es ohne Ironie gesagt wird. Das wäre in der Tat
lustig, immer das Unveränderliche vor Augen zu haben!
Du selbst in einen Blumentopf gesetzt – an welche Jah-
reszeit wirst du dich halten? Die der Knospen, der Blü-
ten oder der Früchte? ... In welchem Augenblick, selbst
deines eigenen Lebens, wagtest du zu sagen: Wir sind so-
weit! Rühren wir uns nicht mehr!

HUGO VON HOFMANNSTHAL

Ein Knabe

»und sie welken dahin in ihrer unendlichen Schönheit«
Vers von Leopold Andrian

I

Lang kannte er die Muscheln nicht für schön:
Er war zu sehr aus einer Welt mit ihnen,
Der Duft der Hyazinthen war ihm nichts
Und nichts das Spiegelbild der eignen Mienen.

Doch alle seine Tage waren so
Geöffnet wie ein leierförmig Tal,
Darin er Herr zugleich und Knecht zugleich
Des weißen Lebens war und ohne Wahl.

Wie einer, der noch tut, was ihm nicht ziemt,
Doch nicht für lange, ging er auf den Wegen:
Der Heimkehr und unendlichem Gespräch
Hob seine Seele ruhig sich entgegen.

II

Eh er gebändigt war für sein Geschick,
Trank er viel Flut, die bitter war und schwer.
Dann richtete er sonderbar sich auf
Und stand am Ufer seltsam leicht und leer.

Zu seinen Füßen rollten Muscheln hin,
Und Hyazinthen hatte er im Haar,

Und ihre Schönheit wußte er, und auch,
Daß dies der Trost des schönen Lebens war.

Doch mit unsicherm Lächeln ließ er sie
Bald wieder fallen, denn ein großer Blick
Auf diese schönen Kerker zeigte ihm
Das eigne unbegreifliche Geschick.

Inschrift

Entzieh Dich nicht dem einzigen Geschäfte!
Vor dem Dich schaudert, dieses ist das Deine:
Nicht anders sagt das Leben was es meine,
Und schnell verwirft das Chaos Deine Kräfte.

Manche freilich ...

Manche freilich müssen drunten sterben,
Wo die schweren Ruder der Schiffe streifen,
Andre wohnen bei dem Steuer droben,
Kennen Vogelflug und die Länder der Sterne.

Manche liegen immer mit schweren Gliedern
Bei den Wurzeln des verworrenen Lebens,
Andern sind die Stühle gerichtet
Bei den Sibyllen, den Königinnen,
Und da sitzen sie wie zu Hause,
Leichten Hauptes und leichter Hände.

Doch ein Schatten fällt von jenen Leben
In die anderen Leben hinüber,
Und die leichten sind an die schweren
Wie an Luft und Erde gebunden:

Ganz vergessener Völker Müdigkeiten
Kann ich nicht abtun von meinen Lidern,
Noch weghalten von der erschrockenen Seele
Stummes Niederfallen ferner Sterne.

Viele Geschicke weben neben dem meinen,
Durcheinander spielt sie alle das Dasein,
Und mein Teil ist mehr als dieses Lebens
Schlanke Flamme oder schmale Leier.

Vorfrühling

Es läuft der Frühlingswind
Durch kahle Alleen,
Seltsame Dinge sind
In seinem Wehn.

Er hat sich gewiegt,
Wo Weinen war,
Und hat sich geschmiegt
In zerrüttetes Haar.

Er schüttelte nieder
Akazienblüten
Und kühlte die Glieder,
Die atmend glühten.

Lippen im Lachen
Hat er berührt,
Die weichen und wachen
Fluren durchspürt.

Er glitt durch die Flöte
Als schluchzender Schrei,
An dämmernder Röte
Flog er vorbei.

Er flog mit Schweigen
Durch flüsternde Zimmer
Und löschte im Neigen
Der Ampel Schimmer.

Es läuft der Frühlingswind
Durch kahle Alleen,
Seltsame Dinge sind
In seinem Wehn.

Durch die glatten
Kahlen Alleen
Treibt sein Wehen
Blasse Schatten.

Und den Duft,
Den er gebracht,
Von wo er gekommen
Seit gestern nacht.

BRUNO H. BÜRGEL

Die Toten leben!

Alte Friedhöfe mit verfallenen Gräbern, gestürzten Kreuzen, verblaßten Inschriften, zerbröckelnden Erbbegräbnissen sind geeignet, uns reifer, ernster, stiller, bescheidener zu machen, da verliert sich der Dünkel des »Geheimrates« und des »Wirklichen Geheimrates«! Und eines Tages ist selbst der Staub verschwunden, samt Mauerwerk und Grabkreuz. Das Leben siegt! Es wächst die Stadt, neues Leben strömt herzu, beginnt sich auszubreiten, will Raum haben, Licht, Luft, Behausung! Straßenzüge überdecken uralte Gottesäcker, donnernd rollen Bahnen über die Stätte des Friedens, trippeln schnelle Füße, dröhnt der Marschtritt der Arbeiterbataillone. Vergessen sind die Toten, verschwunden die Gräber, das Leben siegte!

. . .

Die Toten leben!

Ist nicht Beethoven, ist nicht Mozart mitten unter uns, wenn wir ihre Musik hören, geistert nicht Daguerre neben uns, wenn wir Photographien betrachten, leben nicht Watt und Stephenson, Fulton und Philipp Reis, Goebel und Edison, Hertz und Marconi, und wie sie alle heißen, bei uns, wenn wir vor Dampfmaschinen stehen, mit der Eisenbahn fahren, mit dem Schiff, oder wenn wir das Telephon und die Glühlampe benutzen und am Rundfunkgerät sitzen: »Ich war es, ich«, flüstern sie uns zu, »der es ersann in heißen Nächten, der sich mühte, litt, siegte! Ich bin unvergessen, ich wirke fort!«

THOMAS MANN

Lob der Vergänglichkeit

Sie werden überrascht sein, mich auf Ihre Frage, woran ich glaube, oder was ich am höchsten stelle, antworten zu hören: Es ist die *Vergänglichkeit.*

Aber Vergänglichkeit ist etwas sehr Trauriges, werden Sie sagen. – Nein, erwidere ich, sie ist die Seele des Seins, ist das, was allem Leben Wert, Würde und Interesse verleiht, denn sie schafft *Zeit,* – und Zeit ist, wenigstens potentiell, die höchste, nutzbarste Gabe, in ihrem Wesen verwandt, ja identisch mit allem Schöpferischen und Tätigen, aller Regsamkeit, allem Wollen und Streben, aller Vervollkommnung, allem Fortschritt zum Höheren und Besseren. Wo nicht Vergänglichkeit ist, nicht Anfang und Ende, Geburt und Tod, da ist keine Zeit, – und Zeitlosigkeit ist das stehende Nichts, so gut und so schlecht wie dieses, das absolut Uninteressante.

Die Biologen schätzen das Alter des organischen Lebens auf Erden ungefähr auf fünfhundertfünfzig Millionen Jahre. In dieser Zeit entwickelte es in unzähligen Mutationen seine Formen bis hinauf zum Menschen, seinem jüngsten und gewecktesten Kinde. Ob dem Leben noch eine ebenso lange Zeit gewährt sein wird, wie seit seiner Entstehung vergangen ist, weiß niemand. Es ist sehr zäh, aber es ist an bestimmte Bedingungen gebunden, und wie es einen Anfang hatte, so wird es enden. Die Bewohnbarkeit eines Himmelskörpers ist eine *Episode* in seinem kosmischen Sein. Und würde das Leben noch einmal fünfhundertfünfzig Millionen Jahre alt – am

Maßstabe der Äonen gemessen ist es ein flüchtiges Zwischenspiel.

Wird es dadurch entwertet? Im Gegenteil, meine ich, gewinnt es dadurch ungeheuer an Wert und Seele und Reiz; *gewinnend* gerade und Sympathie erweckend wird es als Episode – und obendrein durch die *indefinibel* geheimnisvolle Bewandtnis, die es mit ihm hat. Nach seiner Stofflichkeit unterscheidet es sich durch nichts von allem übrigen materiellen Sein. Als es sich dem Anorganischen entband, mußte *etwas hinzukommen*, was noch kein Laboratorium recht zu fassen und auszumachen vermocht hat. Und nicht bei diesem Hinzukommen blieb es. Aus dem Bereich des Tierischen trat der Mensch hervor, – durch Abstammung, wie man sagt; in Wahrheit wiederum durch ein Hinzukommendes, das man mit Worten wie ›Vernunft‹ und ›Kulturfähigkeit‹ nur mangelhaft bestimmt. Die Erhebung des Menschen aus dem Tierischen, von dem ihm viel geblieben ist, hat den Rang und die Bedeutung einer *Urzeugung*, – es war die dritte nach der Hervorrufung des kosmischen Seins aus dem Nichts und nach der Erweckung des Lebens aus dem anorganischen Sein.

Zu den wesentlichsten Eigenschaften, welche den Menschen von der übrigen Natur unterscheiden, gehört das Wissen von der Vergänglichkeit, von Anfang und Ende und also von der Gabe der Zeit, – diesem so subjektiven, so eigentümlich variablen, nach seiner Nutzbarkeit so ganz dem Sittlichen unterworfenen Element, daß sehr wenig davon sehr viel sein kann. Es gibt ferne Himmelskörper, deren Materie von so unglaublicher Dichtigkeit ist, daß ein Kubikzoll davon bei uns zwanzig Zentner wiegen würde. So ist es mit der Zeit schöpferischer Menschen; sie ist von anderer Struktur, anderer Dichtigkeit, anderer Ergiebigkeit als die locker gewobene und leicht verrinnende der Mehrzahl, und verwundert darüber, welches Maß an Leistung in der Zeit unterzubringen ist, fragt wohl der Mann der Mehrzahl: »Wann machst du das alles nur?«

Die Beseeltheit des Seins von Vergänglichkeit gelangt im Menschen zu ihrer Vollendung. Nicht, daß er allein Seele hätte. Alles hat Seele. Aber die seine ist die wachste in ihrem Wissen um die Auswechselbarkeit der Begriffe ›Sein‹ und ›Vergänglichkeit‹ und um die große Gabe der Zeit. Ihm ist gegeben, die Zeit zu heiligen, einen Akker, zu treulichster Bestellung auffordernd, in ihr zu sehen, sie als Raum der Tätigkeit, des rastlosen Strebens, der Selbstvervollkommnung, des Fortschreitens zu seinen höchsten Möglichkeiten zu begreifen und mit ihrer Hilfe dem Vergänglichen das Unvergängliche abzuringen.

Die Astronomie, eine große Wissenschaft, hat uns gelehrt, die Erde als ein im Riesengetümmel des Kosmos höchst unbedeutendes, selbst noch in ihrer eigenen Milchstraße ganz peripher sich umtreibendes Winkelsternchen zu betrachten. Das ist wissenschaftlich unzweifelhaft richtig, und doch bezweifle ich, daß sich in dieser Richtigkeit die Wahrheit erschöpft. In tiefster Seele glaube ich – und halte diesen Glauben für jeder Menschenseele natürlich –, daß der Erde im Allsein eine zentrale Bedeutung zukommt. In tiefster Seele hege ich die Vermutung, daß es bei jenem »Es werde«, das aus dem Nichts den Kosmos hervorrief, und bei der Zeugung des Lebens aus dem anorganischen Sein auf den Menschen abgesehen war und daß mit ihm ein großer Versuch angestellt ist, dessen Mißlingen durch Menschenschuld dem

Mißlingen der Schöpfung selbst, ihrer Widerlegung gleichkäme.

Möge es so sein oder nicht so sein – es wäre gut, wenn der Mensch sich benähme, als wäre es so.

*

Bekenntnis und Glückwunsch

Lieber Thomas Mann

Sie haben vor kurzem einmal ein wunderschönes Loblied auf die Vergänglichkeit geschrieben und es dem Andenken der lieben Frau Hedwig Fischer gewidmet. Mir schien jene Betrachtung eins der schönsten von Ihren kleinen Prosastücken zu sein. Wir Dichter sind zwar zeitlebens um nichts anderes bemüht als um die Verewigung des Vergänglichen (wobei uns freilich wohl bewußt ist, wie relativ diese »Ewigkeit« sei), aber eben darum haben wir vielleicht eher als andre das Recht, auch die Vergänglichkeit selbst, die alte Maya und Zaubermutter, zu bejahen und zu preisen.

Sollten Sie, Freund, etwa vor mir »das Zeitliche segnen« (ein schönes Wort, das genau genommen ja eben nichts andres meint als ein Preisen der Vergänglichkeit), so würde ich mich allerdings kaum zu einem Preisen und Segnen aufzuraffen imstande sein, sondern einfach sehr betrübt werden und schweigen. Aber Sie sind ja glücklicherweise noch da, und ich kann hoffen, Sie nächstens wiederzusehen und etwa eine gute und heitere Stunde mit Ihnen zu erleben. Darum stelle ich mich gern in die Reihe der Gratulanten zu Ihrem achtzigsten Geburtstag.

Sie wissen, daß ich von jeher ein Verehrer des Gedankens von der Bipolarität alles Lebendigen gewesen bin und daß, wo ich liebte und mich angezogen fühlte, es immer die Widersprüchlichkeit und Zweiseelenhaftigkeit war, die mich anzog und gewann. So ist es mir auch mit Ihnen gegangen. Womit Sie mich zuerst auf sich aufmerksam machten, mir imponierten und zu denken gaben, das waren Ihre bürgerlichen Tugenden, der Fleiß, die Geduld und Beharrlichkeit, mit der Sie Ihrer Arbeit oblagen – bürgerliche und hanseatische Tugenden, die mir um so mehr Eindruck machten, je weniger ich selbst mich ihrer rühmen durfte. Diese Selbstzucht und dies stetige treue Dienen hätte genügt, um Ihnen meine Hochachtung zu sichern. Zur Liebe aber bedarf es mehr. Und da waren es denn Ihre unbürgerlichen und entbürgerlichten Züge, die mein Herz gewannen, Ihre edle Ironie, Ihr großer Sinn für das Spiel, Ihr Mut zur Aufrichtigkeit und zum Bejahen all Ihrer Problematik – und nicht zuletzt Ihre Künstlerfreude am Experiment und Wagnis, am Spiel mit neuen Formen und Kunstmitteln, wie sie am stärksten im »Faustus« und im »Erwählten« sich ausgelebt hat.

Ich will aber damit aufhören, Ihnen Dinge zu sagen, die Sie besser wissen. Jener allzu großen Schicht von Lesern, die es noch immer nicht lassen können, den einen von uns gegen den andern auszuspielen, wird unsre Freundschaft und Zusammengehörigkeit nie begreiflich werden, so wenig wie die coincidentia oppositorum des Niklaus von Cues.

Herzlich gratuliert und grüßt Ihr

Hermann Hesse

Herbst

Die Blätter fallen, fallen wie von weit,
als welkten in den Himmeln ferne Gärten;
sie fallen mit verneinender Gebärde.

Und in den Nächten fällt die schwere Erde
aus allen Sternen in die Einsamkeit.

Wir alle fallen. Diese Hand da fällt.
Und sieh dir andre an: es ist in allen.

Und doch ist Einer, welcher dieses Fallen
unendlich sanft in seinen Händen hält.

Duineser Elegien

Die achte Elegie

Rudolf Kassner zugeeignet

Mit allen Augen sieht die Kreatur
das Offene. Nur unsre Augen sind
wie umgekehrt und ganz um sie gestellt
als Fallen, rings um ihren freien Ausgang.
Was draußen *ist*, wir wissens aus des Tiers
Antlitz allein; denn schon das frühe Kind
wenden wir um und zwingens, daß es rückwärts

Gestaltung sehe, nicht das Offne, das
im Tiergesicht so tief ist. Frei von Tod.
Ihn sehen wir allein; das freie Tier
hat seinen Untergang stets hinter sich
und vor sich Gott, und wenn es geht, so gehts
in Ewigkeit, so wie die Brunnen gehen.

    Wir haben nie, nicht einen einzigen Tag,
den reinen Raum vor uns, in den die Blumen
unendlich aufgehn. Immer ist es Welt
und niemals Nirgends ohne Nicht: das Reine,
Unüberwachte, das man atmet und
unendlich *weiß* und nicht begehrt. Als Kind
verliert sich eins im Stilln an dies und wird
gerüttelt. Oder jener stirbt und *ists*.
Denn nah am Tod sieht man den Tod nicht mehr
und starrt *hinaus*, vielleicht mit großem Tierblick.
Liebende, wäre nicht der andre, der
die Sicht verstellt, sind nah daran und staunen ...
Wie aus Versehn ist ihnen aufgetan
hinter dem andern ... Aber über ihn
kommt keiner fort, und wieder wird ihm Welt.
Der Schöpfung immer zugewendet, sehn
wir nur auf ihr die Spiegelung des Frein,
von uns verdunkelt. Oder daß ein Tier,
ein stummes, aufschaut, ruhig durch uns durch.
Dieses heißt Schicksal: gegenüber sein
und nichts als das und immer gegenüber.

Wäre Bewußtsein unsrer Art in dem
sicheren Tier, das uns entgegenzieht
in anderer Richtung –, riß es uns herum
mit seinem Wandel. Doch sein Sein ist ihm
unendlich, ungefaßt und ohne Blick

auf seinen Zustand, rein, so wie sein Ausblick.
Und wo wir Zukunft sehn, dort sieht es Alles
und sich in Allem und geheilt für immer.

Und doch ist in dem wachsam warmen Tier
Gewicht und Sorge einer großen Schwermut.
Denn ihm auch haftet immer an, was uns
oft überwältigt, – die Erinnerung,
als sei schon einmal das, wonach man drängt,
näher gewesen, treuer und sein Anschluß
unendlich zärtlich. Hier ist alles Abstand,
und dort wars Atem. Nach der ersten Heimat
ist ihm die zweite zwitterig und windig.
    O Seligkeit der *kleinen* Kreatur,
die immer *bleibt* im Schooße, der sie austrug;
o Glück der Mücke, die noch *innen* hüpft,
selbst wenn sie Hochzeit hat: denn Schooß ist Alles.
Und sieh die halbe Sicherheit des Vogels,
der beinah beides weiß aus seinem Ursprung,
als wär er eine Seele der Etrusker,
aus einem Toten, den ein Raum empfing,
doch mit der ruhenden Figur als Deckel.
Und wie bestürzt ist eins, das fliegen muß
und stammt aus einem Schooß. Wie vor sich selbst
erschreckt, durchzuckts die Luft, wie wenn ein Sprung
durch eine Tasse geht. So reißt die Spur
der Fledermaus durchs Porzellan des Abends.

Und wir: Zuschauer, immer, überall,
dem allen zugewandt und nie hinaus!
Uns überfüllts. Wir ordnens. Es zerfällt.
Wir ordnens wieder und zerfallen selbst.

Wer hat uns also umgedreht, daß wir,
was wir auch tun, in jener Haltung sind
von einem, welcher fortgeht? Wie er auf
dem letzten Hügel, der ihm ganz sein Tal
noch einmal zeigt, sich wendet, anhält, weilt -,
so leben wir und nehmen immer Abschied.

Giebt es wirklich die Zeit, die zerstörende?
Wann, auf dem ruhenden Berg, zerbricht sie die Burg?
Dieses Herz, das unendlich den Göttern gehörende,
wann vergewaltigts der Demiurg?

Sind wir wirklich so ängstlich Zerbrechliche,
wie das Schicksal uns wahr machen will?
Ist die Kindheit, die tiefe, versprechliche,
in den Wurzeln – später - still?

Ach, das Gespenst des Vergänglichen,
durch den arglos Empfänglichen
geht es, als wär es ein Rauch.

Als die, die wir sind, als die Treibenden,
gelten wir doch bei bleibenden
Kräften als göttlicher Brauch.

Der Tod der Geliebten

Er wußte nur vom Tod was alle wissen:
daß er uns nimmt und in das Stumme stößt.
Als aber sie, nicht von ihm fortgerissen,
nein, leis aus seinen Augen ausgelöst,

hinüberglitt zu unbekannten Schatten,
und als er fühlte, daß sie drüben nun
wie einen Mond ihr Mädchenlächeln hatten
und ihre Weise wohlzutun:

da wurden ihm die Toten so bekannt,
als wäre er durch sie mit einem jeden
ganz nah verwandt; er ließ die andern reden

und glaubte nicht und nannte jenes Land
das gutgelegene, das immersüße –
Und tastete es ab für ihre Füße.

Winterliche Stanzen

Nun sollen wir versagte Tage lange
ertragen in des Widerstandes Rinde;
uns immer wehrend, nimmer an der Wange
das Tiefe fühlend aufgetaner Winde.
Die Nacht ist stark, doch von so fernem Gange,
die schwache Lampe überredet linde.
Laß dichs getrösten: Frost und Harsch bereiten
die Spannung künftiger Empfänglichkeiten.

Hast du denn ganz die Rosen ausempfunden
vergangnen Sommers? Fühle, überlege:
das Ausgeruhte reiner Morgenstunden,
den leichten Gang in spinnverwebte Wege?
Stürz in dich nieder, rüttele, errege
die liebe Lust: sie ist in dich verschwunden.
Und wenn du eins gewahrst, das dir entgangen,
sei froh, es ganz von vorne anzufangen.

Vielleicht ein Glanz von Tauben, welche kreisten,
ein Vogelanklang, halb wie ein Verdacht,
ein Blumenblick (man übersieht die meisten),
ein duftendes Vermuten vor der Nacht.
Natur ist göttlich voll; wer kann sie leisten,
wenn ihn ein Gott nicht so natürlich macht.
Denn wer sie innen, wie sie drängt, empfände,
verhielte sich, erfüllt, in seine Hände.

Verhielte sich wie Übermaß und Menge
und hoffte nicht noch Neues zu empfangen,
verhielte sich wie Übermaß und Menge
und meinte nicht, es sei ihm was entgangen,
verhielte sich wie Übermaß und Menge
mit maßlos übertroffenem Verlangen
und staunte nur noch, daß er dies ertrüge:
die schwankende, gewaltige Genüge.

CARL GUSTAV JUNG

Das Leben ist mir immer wie eine Pflanze vorgekommen

Das Leben ist mir immer wie eine Pflanze vorgekommen, die aus ihrem Rhizom lebt. Ihr eigentliches Leben ist nicht sichtbar, es steckt im Rhizom. Das, was über dem Boden sichtbar wird, hält nur einen Sommer. Dann verwelkt es – eine ephemere Erscheinung. Wenn man an das endlose Werden und Vergehen des Lebens und der Kulturen denkt, erhält man den Eindruck absoluter Nichtigkeit; aber ich habe nie das Gefühl verloren für etwas, das unter dem ewigen Wechsel lebt und dauert. Was man sieht, ist die Blüte, und die vergeht. Das Rhizom dauert.

HERMANN HESSE

Stufen

Wie jede Blüte welkt und jede Jugend
Dem Alter weicht, blüht jede Lebensstufe,
Blüht jede Weisheit auch und jede Tugend
Zu ihrer Zeit und darf nicht ewig dauern.
Es muß das Herz bei jedem Lebensrufe
Bereit zum Abschied sein und Neubeginne,
Um sich in Tapferkeit und ohne Trauern

In andre, neue Bindungen zu geben.
Und jedem Anfang wohnt ein Zauber inne,
Der uns beschützt und der uns hilft zu leben.

Wir sollen heiter Raum um Raum durchschreiten,
An keinem wie an einer Heimat hängen,
Der Weltgeist will nicht fesseln uns und engen,
Er will uns Stuf' um Stufe heben, weiten.
Kaum sind wir heimisch einem Lebenskreise
Und traulich eingewohnt, so droht Erschlaffen,
Nur wer bereit zu Aufbruch ist und Reise,
Mag lähmender Gewöhnung sich entraffen.
Es wird vielleicht auch noch die Todesstunde
Uns neuen Räumen jung entgegensenden,
Des Lebens Ruf an uns wird niemals enden ...
Wohlan denn, Herz, nimm Abschied und gesunde!

STEFAN ZWEIG

Die frühen Kränze

I

Oft bange ich, vom Tal der Heiterkeit
Biege mein Weg zu Stille schon und Schweigen,
Denn leiser wandelt meiner Stunden Reigen,
Wie Menschen gehn vor naher Müdigkeit.

So war, was ich, ein Kind, ein Träumer nahm
Das Leben schon? Und waren die verfrühten

Geschicke, die ich griff, schon reife Blüten,
Mit denen meine Jugend zu mir kam?

Doch Fragen sind dies, die ich klaglos spreche,
Denn keiner weiß es ganz, was er erlebt,
Da er noch Strom ist und geschnellte Schwinge,

Und erst, wenn alle Unrast fern verbebt,
Malen sich bildhaft auf der stillen Fläche
Die späten Träume der erlebten Dinge.

II

Doch diesen Glanz verlangt es mich, zu halten,
Zu fassen das, was kaum Erlebnis war,
Der Ferne Gruß, der Frauen mattes Haar,
Den lieben Schritt enteilender Gestalten,

Und solche Bilder, ehe sie verschatten,
In heißen Worten formend zu erneuern,
Daß sie, geläutert von den späten Feuern
Ein Glühen geben, das sie einst nicht hatten.

So wird, was schon verging, mir neu zu eigen
Und reicher nun. Gefangen im Gedicht
Runden die Stunden längst schon welker Lenze

Sich lächelnd wieder in den Lebensreigen
Und ein – fast träumendes – Besinnen flicht
Die bunten Farben in die frühen Kränze.

Die Endlichkeit des Menschen

Die Freiheit des Menschen nun ist untrennbar von dem *Bewußtsein der Endlichkeit des Menschen.*

Zeichnen wir in Kürze die Grundzüge: Die Endlichkeit des Menschen ist *erstens* die Endlichkeit alles Vitalen. Er ist angewiesen auf seine Umwelt, auf Nahrung und Sinnesinhalte; er ist ausgeliefert der Erbarmungslosigkeit des stummen und blinden Naturgeschehens; er muß sterben.

Die Endlichkeit des Menschen ist *zweitens* sein Angewiesensein auf andere Menschen und die von der menschlichen Gemeinschaft hervorgebrachte geschichtliche Welt. Es ist für ihn auf nichts in dieser Welt Verlaß. Glücksgüter kommen und zerrinnen. In der Ordnung der Menschen herrscht nicht allein Gerechtigkeit, sondern die jeweilige Macht, welche ihre Willkür für das Organ der Gerechtigkeit erklärt, daher jederzeit auch auf Unwahrheit gegründet ist. Staat und Volksgemeinschaft können Menschen vernichten, die für sie ein Leben lang arbeiteten. Verlaß ist allein auf die Treue des Menschen in existentieller Kommunikation, aber ohne Berechenbarkeit. Denn worauf hier Verlaß ist, ist kein objektives, nachweisbares Dasein in der Welt. Und der nächste Mensch kann alsbald erkranken, wahnsinnig werden, sterben.

Die Endlichkeit des Menschen ist *drittens* im Erkennen, sein Angewiesensein auf ihm gegebene Erfahrung, insbesondere auf Anschauung, die nirgends der Sinnesinhalte entbehren kann. Denkend vermag ich nichts zu ergreifen, als nur am Material der die Denkform erfüllenden Anschauung.

Der Mensch wird sich dieser seiner Endlichkeit bewußt an Maßstäben eines Nichtendlichen, und zwar durch das Unbedingte und durch das Unendliche:

Das *Unbedingte* wird ihm wirklich in seinem Entschluß, dessen Erfüllung ihn auf eine andere Herkunft weist, als ihm in seinem endlichen Dasein durch Forschung erkennbar wird.

Das *Unendliche* wird berührt, wenn auch nicht ergriffen, zunächst im Gedanken der Unendlichkeit, dann im Entwurf eines von seinem endlichen Erkennen wesensverschiedenen göttlichen Erkennens, schließlich im Gedanken der Unsterblichkeit. Das unbegreifliche, aber ihm doch bewußt werdende Unendliche läßt den Menschen seine Endlichkeit überschreiten dadurch, daß er sich ihrer bewußt wird.

Durch die Gegenwart des Unbedingten und des Unendlichen bleibt dem Menschen seine Endlichkeit nicht nur die bewußtlose Gegebenheit seines Daseins; sie wird ihm durch das Licht der Transzendenz zum Grundzug des Bewußtseins seines Geschaffenseins. Die Endlichkeit des Menschen ist, ohne aufgehoben zu werden, durchbrochen.

Wird er sich aber in der Unbedingtheit seines Entschlusses allem Endlichen der Welt gegenüber vermöge seiner Unabhängigkeit, seiner Unendlichkeit als eigentlichen Selbstseins gewiß, so zeigt diese zugleich eine neue Weise seiner Endlichkeit. Diese Endlichkeit als Existenz heißt: Der Mensch kann sich auch als er selbst nicht sich selbst verdanken. Er ist nicht durch sich selbst ursprünglich er selbst. Er ist, so wie er sein Dasein in der Welt nicht durch eigenen Willen hat, als er selbst sich durch die Transzendenz geschenkt. Er muß sich ständig von neuem geschenkt werden, wenn er sich nicht ausbleiben soll. Wenn der Mensch sich innerlich behauptet im Geschick, wenn er unbeirrt standhält noch im Sterben, so kann er das nicht durch sich allein. Was ihm hier hilft, ist aber von anderer Art als alle Hilfe in der Welt. Die transzendente Hilfe zeigt sich ihm allein darin, daß er er selbst sein kann. Daß er auf sich selbst steht, verdankt er einer ungreifbaren, nur in seiner Freiheit selber fühlbaren Hand aus der Transzendenz.

Der Mensch als Forschungsgegenstand und der Mensch als Freiheit werden uns aus radikal verschiedenen Quellen gewiß. Jener wird Wissensinhalt, dieser ein Grundzug unseres Glaubens. Wenn aber die Freiheit ihrerseits zum Wissensinhalt und Forschungsgegenstand werden soll, so entsteht sogleich eine besondere Form des Aberglaubens:

Der *Glaube* findet sich auf dem Wege der Freiheit, die nicht absolute und nicht leere Freiheit ist, sondern sich erfährt als Möglichkeit des Sichausbleibens und Sichgeschenktwerdens. Nur durch Freiheit werde ich der Transzendenz gewiß. Durch Freiheit erreiche ich zwar einen Punkt der Unabhängigkeit von aller Welt, aber gerade durch das Bewußtsein der radikalen Gebundenheit an Transzendenz. Denn ich bin nicht durch mich selbst.

Der *Aberglaube* dagegen entsteht auf dem Wege über das Objekt, über ein Etwas als Inhalt des Glaubens, so auch über ein vermeintliches Wissen von Freiheit. So ist eine moderne Form des Aberglaubens etwa die Psychoanalyse als Weltanschauung und die Aftermedizin, die sich die Freiheit des Menschen zum vermeintlichen Forschungsgegenstand macht.

Wie ich mir als Mensch bewußt bin, das ist zugleich Bewußtsein der Transzendenz –, ist Beschränkung oder Aufschwung, ist Aberglaube im Gegenständlichen (und darum verknüpft mit wissenschaftlichem Irrtum) oder Glaube im Innewerden des Umgreifenden (und darum verknüpft mit erfüllendem Nichtwissen).

Die Endlichkeit als Stigma der Geschöpflichkeit hat der Mensch mit allem Dasein, das er um sich sieht, mit den Tieren, gemeinsam. Aber seine menschliche Endlichkeit ist *nicht der Geschlossenheit fähig,* die jedes tierische Dasein erreicht.

Jedes Tier hat seine eigene Wohlgeratenheit, hat in seiner Begrenzung auch seine Vollendung mit dem sich immer wiederholenden Kreislauf des Lebendigen. Preisgegeben ist es allein dem alles wieder einschmelzenden und neu hervorbringenden Naturgeschehen. Nur die Endlichkeit des Menschen ist unvollendbar. Nur ihn bringt seine Endlichkeit in die Geschichte, in der er erst werden will, was er sein kann. Die Ungeschlossenheit ist ein Signum seiner Freiheit.

Und diese *Unvollendbarkeit* mit ihrer Folge grenzenlosen Suchens und Versuchens (statt des ruhig gebundenen, bewußtlosen Lebens in wiederkehrenden Kreisläufen) ist unlösbar von seinem Wissen darum. Allein der Mensch unter allem Lebendigen weiß um seine Endlichkeit. Als Unvollendbarkeit wird ihm seine Endlichkeit mehr, als im bloßen Erkennen des Endlichen zutage tritt. Es ist eine Verlorenheit im Menschen, aus der ihm Aufgabe und Möglichkeit erwachsen. Er findet sich in der verzweiflungsvollsten Lage, aber so, daß dadurch an ihn die stärkste Forderung zum Aufschwung durch seine Freiheit ergeht. Daher die Schilderungen des Menschen

ihn immer wieder in der erstaunlichen Widersprüchlich-
keit faßten, ihn als das erbärmlichste und als das großar-
tigste Wesen sahen.

Der Satz, der Mensch sei endlich und unvollendbar,
hat einen zweideutigen Charakter. Er hat einen Erkennt-
nisinhalt, stammt aus beweisbarem Wissen vom Endli-
chen. Aber er ist in seiner Allgemeinheit Zeiger auf einen
Glaubensgehalt, in dem die Freiheit menschlicher Aufga-
ben entspringt. Die Grunderfahrung seines Wesens, alle
Erkennbarkeit überschreitend, faßt in eins seine Unvoll-
endbarkeit und seine unendliche Möglichkeit, sein Ge-
fesseltsein und seine hindurchbrechende Freiheit.

ERNST BERTRAM

Spruch

Du kannst nicht sein, du kannst dich nur verschwenden,
Kannst bleiben nicht, die Erde wandert aller Enden,
Du kannst nicht sammeln, jedes Gold wird Blei,
Und nichts ergreifen, alles schwirrt vorbei,
Du kannst nicht wissen, denn es ward schon Trug,
Du kannst nur lieben. Lieben ist genug.

Die Laubwolke

Beständig ist das leicht Verletzliche.

Lange hing die grüne Wolke über der Erde,
Wohin ging sie?

Im neuen Frühling schwebt sie wieder an
Und erfüllt ihren Ort
Zwischen Grund und Höhe.
Vom Winde gesteuert,
Vom Regen gedrängt,
Vom Licht gehoben,
Kehrt sie immer zurück
Und bleibt so viele Jahre.

Jedesmal in den herbstlichen Lichtern
Klagts aus ihr: ich sinke, warum ich?
Und lauter mit dem Sinn von Dichtern:
Es stürzt mich, ja, warum nicht mich?

Wird es dann Winter –
Im Himmel kriecht gekrümmtes Gestäbe,
Den einmal gewachsenen Abstand nicht ändernd,
Eins des andern vielleicht nicht gewahr,
Doch beisammen in gleicher Spreizung.

Zwischen Grund und Höhe,
Von der Säge des Gärtners unzerrissen,
Von der Axt des Fällers nicht getroffen,
Bleibt das Gesetz:
Beständig ist das leicht Verletzliche.

Jener

Ich habe die Erde oft gesehn
und sie manchmal auch verstanden,
Sterben und Stille und Auferstehn,
Korn und Flechten und Laubverwehn,
auch Moore, wo sie sich fanden.
Doch wie sieht die Erde für Jenen aus:
»Komm in unser umblühtes Haus«?

Ein Jubel aus Süden, ein Liebesschwarm
von Malven über den Stufen
zum Saale, zum Garten, die Brunnen warm,
Zikaden rings um den Villencharme,
die sonneversengten, rufen.
Sieht so die Erde für Jenen aus:
»Komm in unser umblühtes Haus«?

Ich weiß es nicht, ich kann auch nicht
weder Norden noch Süden trauen,
ich glaube, erst wenn der Raum zerbricht,
erst wenn die Stunde der Träume spricht,
kommen Oleander und Pfauen.
Dann sieht die Erde für Jenen aus:
»Komm in unser umblühtes Haus.«

Verlorenes Ich

Verlorenes Ich, zersprengt von Stratosphären,
Opfer des Ion –: Gamma-Strahlen-Lamm –
Teilchen und Feld –: Unendlichkeitsschimären
auf deinem grauen Stein von Notre-Dame.

Die Tage gehn dir ohne Nacht und Morgen,
die Jahre halten ohne Schnee und Frucht
bedrohend das Unendliche verborgen –
die Welt als Flucht.

Wo endest du, wo lagerst du, wo breiten
sich deine Sphären an – Verlust, Gewinn –:
ein Spiel von Bestien: Ewigkeiten,
an ihren Gittern fliehst du hin.

Der Bestienblick: die Sterne als Kaldaunen,
der Dschungeltod als Seins- und Schöpfungsgrund,
Mensch, Völkerschlachten, Katalaunen
hinab den Bestienschlund.

Die Welt zerdacht. Und Raum und Zeiten
und was die Menschheit wob und wog,
Funktion nur von Unendlichkeiten –
die Mythe log.

Woher, wohin – nicht Nacht, nicht Morgen,
kein Evoë, kein Requiem,
du möchtest dir ein Stichwort borgen –
allein bei wem?

Ach, als sich alle einer Mitte neigten
und auch die Denker nur den Gott gedacht,

sie sich den Hirten und dem Lamm verzweigten,
wenn aus dem Kelch das Blut sie rein gemacht,

und alle rannen aus der einen Wunde,
brachen das Brot, das jeglicher genoß –
o ferne zwingende erfüllte Stunde,
die einst auch das verlorne Ich umschloß.

Keiner weine –

Rosen, gottweißwoher so schön,
in grünen Himmeln die Stadt
abends
in der Vergänglichkeit der Jahre!

Mit welcher Sehnsucht gedenke ich der Zeit,
wo mir eine Mark dreißig lebenswichtig waren,
ja, notgedrungen, ich sie zählte,
meine Tage ihnen anpassen mußte,
was sage ich Tage: Wochen, mit Brot und Pflaumenmus
aus irdenen Töpfen
vom heimatlichen Dorf mitgenommen,
noch von häuslicher Armut beschienen,
wie weh war alles, wie schön und zitternd!

Was soll der Glanz der europäischen Auguren,
der großen Namen,
der Pour le mérite,
die auf sich sehn und weiter schaffen,

ach, nur Vergehendes ist schön,
rückblickend die Armut,
sowie das Dumpfe, das sich nicht erkennt,
schluchzt und stempeln geht,

wunderbar dieser Hades,
der das Dumpfe nimmt
wie die Auguren –

keiner weine,
keiner sage: ich, so allein.

Lebe wohl

Lebe wohl,
farewell,
und nevermore –:
aller Sprachen Schmerz- und Schattenlaut
sind dem Herzen,
sind dem Ohre
unaufhörlich
tief vertraut.

Lebe wohl,
good bye,
felice notte
und was sonst noch heißt, daß es nicht bleibt,
alles Ruf vom unbekannten Gotte,
der uns
unaufhörlich
treibt.

Lebe wohl – du weißt es, Feld und Aue,
alle Dünung, das Antillenmeer
lebt vom Salze, lebt vom Taue
einer Schattenwiederkehr,

über allem steht die Doppelschwinge
einer zehrenden Unendlichkeit:
Welten – Werke – letzte Dinge –:
todgeweiht.

Die Form –

Die Form, die Formgebärde,
die sich ergab, die wir uns gaben –
du bist zwar Erde,
doch du mußt sie graben.

Du wirst nicht ernten,
wenn jene Saat ersteht
in den Entfernten,
dein Bild ist längst verweht.

Riefst den Verlorenen,
Tschandalas, Parias, du,
den Ungeborenen
ein Wort des Glaubens zu.

Verfall

Am Abend, wenn die Glocken Frieden läuten,
Folg ich der Vögel wundervollen Flügen,
Die lang geschart, gleich frommen Pilgerzügen,
Entschwinden in den herbstlich klaren Weiten.

Hinwandelnd durch den dämmervollen Garten
Träum ich nach ihren helleren Geschicken
Und fühl der Stunden Weiser kaum mehr rücken.
So folg ich über Wolken ihren Fahrten.

Da macht ein Hauch mich von Verfall erzittern.
Die Amsel klagt in den entlaubten Zweigen.
Es schwankt der rote Wein an rostigen Gittern,

Indes wie blasser Kinder Todesreigen
Um dunkle Brunnenränder, die verwittern,
Im Wind sich fröstelnd blaue Astern neigen.

Siebengesang des Todes

Bläulich dämmert der Frühling; unter saugenden
            Bäumen
Wandert ein Dunkles in Abend und Untergang,
Lauschend der sanften Klage der Amsel.
Schweigend erscheint die Nacht, ein blutendes Wild,
Das langsam hinsinkt am Hügel.

In feuchter Luft schwankt blühendes Apfelgezweig,
Löst silbern sich Verschlungenes,
Hinsterbend aus nächtigen Augen; fallende Sterne;
Sanfter Gesang der Kindheit.

Erscheinender stieg der Schläfer den schwarzen Wald
                    hinab,
Und es rauschte ein blauer Quell im Grund,
Daß jener leise die bleichen Lider aufhob
Über sein schneeiges Antlitz;

Und es jagte der Mond ein rotes Tier
Aus seiner Höhle;
Und es starb in Seufzern die dunkle Klage der Frauen.

Strahlender hob die Hände zu seinem Stern
Der weiße Fremdling;
Schweigend verläßt ein Totes das verfallene Haus.

O des Menschen verweste Gestalt: gefügt aus kalten
                    Metallen,
Nacht und Schrecken versunkener Wälder
Und der sengenden Wildnis des Tiers;
Windesstille der Seele.

Auf schwärzlichem Kahn fuhr jener schimmernde
                    Ströme hinab,
Purpurner Sterne voll, und es sank
Friedlich das ergrünte Gezweig auf ihn,
Mohn aus silberner Wolke.

GEORG HEYM

Umbra vitae

Alles ist hohl, und eine Totenmaske,
Die man zerschlägt, und nichts ist dann darinnen.
Kein Atem, und kein Blut, nur tönern Scherben.
Und fädenziehend sitzen große Spinnen.

Dumpf wie ein Keller gehn die Gänge immer.
Kein Wandrer, der sich einer Lampe freuet,
Und selten nur von oben kommt ein Schimmer
Der in die trübe Stille sich verstreuet.

Und immer dunkel sich die Städte drängen,
Gefüllt mit niedren Räumen und Gelassen.
Und wolkenreiche Sterbehimmel hängen
Nur fern herum am Rande toter Gassen.

Dumpf wie im Moder altgewordner Lüfte
Verschrumpft die Welt, und steht voll Totenkammern
Und braune Kränze lehnen an den Grüften,
Der Trauernden, die gingen hin mit Jammern.

Hier waren Blumen einst am runden Orte,
Die starben dann, da ihre Zeit ergrauet.
Dann hingen Felder, wo der Halm verdorrte,
Die Winde hatten dort ihr Nest gebauet.

Jetzt geht ein Strom hinab in späte Neige,
Und hohle Brücken ferne sind zu sehen.
Ein Fischer zieht die Netze auf am Steige,
Der lange schon am toten Ufer stehet.

Und große Städte werden einst erstehen,
Mit goldnen Häusern in die Flut zu schauen,
Und in den Gärten werden sich ergehen
Im Schattenwald der Königischen Frauen.

FRANZ WERFEL

Fremde sind wir auf der Erde Alle

Tötet euch mit Dämpfen und mit Messern,
Schleudert Schrecken, hohe Heimatworte,
Werft dahin um Erde euer Leben!
Die Geliebte ist euch nicht gegeben.
Alle Lande werden zu Gewässern,
Unterm Fuß zerrinnen euch die Orte.

Mögen Städte aufwärts sich gestalten,
Niniveh, ein Gottestrotz von Steinen!
Ach es ist ein Fluch in unserm Wallen:
Flüchtig muß vor uns das Feste fallen,
Was wir halten, ist nicht mehr zu halten,
Und am Ende bleibt uns nichts als Weinen.

Berge sind und Flächen sind geduldig,
Staunen, wie wir auf- und niederweichen.
Fluß wird alles, wo wir eingezogen.
Wer zum Sein noch Mein sagt, ist betrogen.
Schuldvoll sind wir, und uns selber schuldig,
Unser Teil ist: Schuld, sie zu begleichen!

Mütter leben, daß sie uns entschwinden.
Und das Haus ist, daß es uns zerfalle.
Selige Blicke, daß sie uns entfliehen.
Selbst der Schlag des Herzens ist geliehen,
Fremde sind wir auf der Erde Alle,
Und es stirbt, womit wir uns verbinden.

OSSIP MANDELSTAM

Die Tage jagen sich

Die Tage jagen sich wie eine Herde
Gehetzten Wilds. Kurz war die Zeit der Liebe
– ein Wimpernschlag, und nichts, was übrigbliebe,
Es sei denn Schaum, der sich in Schaum verkehrte.

O, bunte Welt des Trugs und falscher Fährten –
Das Leid ist feist, der Tod bloß aufgetrieben
– und nackt! Mich aber treiben meine Triebe
Zu der, die still verfault in fauler Erde.

Doch das, was allzu rasch vorübereilte,
Bevor es abhob in die blaue Mitte,
Ist weiterhin, so scheint's, an meiner Seite.

Ich aber weiß, daß es durch keine Bitte
Zurückzuholen ist aus jener Weite,
Wo seine Schönheit nochmals weiß erblühte.

Schmetterling

Welch schönes Jenseits
ist in deinen Staub gemalt.
Durch den Flammenkern der Erde,
durch ihre steinerne Schale
wurdest du gereicht,
Abschiedswebe in der Vergänglichkeiten Maß.

Schmetterling
aller Wesen gute Nacht!
Die Gewichte von Leben und Tod
senken sich mit deinen Flügeln
auf die Rose nieder
die mit dem heimwärts reifenden Licht welkt.

Welch schönes Jenseits
ist in deinen Staub gemalt.
Welch Königszeichen
im Geheimnis der Luft.

ERNST JÜNGER

An der Zollstation

Überlingen

Der Tod gleicht einem fremden Kontinent, über den niemand berichten wird, der ihn betrat. Seine Geheimnisse beschäftigen uns so stark, daß ihr Schatten den Weg verdunkelt, der dorthin führt – das heißt, wir unterscheiden zwischen dem Tode und dem Sterben nicht scharf genug. Diese Unterscheidung ist insofern von Wert, als vieles, was wir dem Tode zuschreiben, sich bereits im Sterben vollzieht und als unsere Blicke und Vorstellungen in das Zwischenreich zuweilen noch eindringen. Wie fern uns der Tod auch liege, so vermögen wir doch das Klima zu schmecken, das ihn umgibt.

Es gibt Fälle, die auf Messers Schneide stehen und in denen der Mensch den Tod bereits gewahrt wie Klippen, die hinter der nahen Brandung stehen. Dann aber zieht das Leben wieder in ihn ein, wie in einem fast erkalteten Herde die Flamme von neuem erwacht. Solche Fälle gleichen einem falschen Alarm; und wie es Schiffe gibt, auf denen der Kapitän erst bei drohendem Sturm die Brücke betritt, so erscheint hier eine sonst verborgene Instanz und trifft ihre Vorkehrungen. Der Mensch besitzt Fähigkeiten, die er wie eine verschlossene Ordre mit sich führt; er verfügt über sie nicht eher, als er ihrer bedarf. Zu diesen Fähigkeiten gehört, daß er seine Lage erfaßt, und in der Tat ist das der Fall – nach einem Augenblick der Verblüffung geht der Annäherung des Todes Erkenntnis voraus.

Während wir ihm die Stirne kühlen, ist der Sterbende

bereits unendlich von uns entfernt – er weilt in Landschaften, die sich eröffnen, nachdem der Geist den flammenden Vorhang des Schmerzes durchschritten hat. Zeit und Raum als die beiden Keimblätter, zwischen denen das Leben erblüht, falten sich wieder ein, und in diesem Dahinschwinden der Bedingungen fällt dem inneren Auge eine neue Art der Anschauung zu. Nun erscheint ihm das Leben in einem neuen Sinn, ferner und deutlicher als sonst. Es wird übersichtlich wie ein Gebiet auf der Landkarte, und seine Entwicklung, die sich über viele Jahre erstreckte, ist in ihrem Kern zu erblicken wie die Linien der Hand. Der Mensch erfaßt seinen Wandel in der Perspektive des Notwendigen, zum ersten Male ohne Schatten und Licht. Auch tauchen weniger die Bilder wieder auf als die Essenz ihrer Inhalte – als ob nach einer Oper bei schon gefallenem Vorhang noch einmal im leeren Raume von einem unsichtbaren Orchester das Grundmotiv gespielt würde, einsam, tragisch, stolz und mit einer tödlichen Bedeutsamkeit. Er erfaßt eine neue Art, sein Leben zu lieben – ohne Erhaltungstrieb; und seine Gedanken gewinnen Souveränität, indem sie sich der Furcht entwinden, die alle Begriffe, alle Urteile trübt und beschwert.

Bereits hier entscheidet sich die Frage der Unsterblichkeit, die den Geist im Leben so ungemein beunruhigte. Das Außerordentliche der Lösung liegt darin, daß der Sterbende einen Punkt erreicht, an dem er wie von einem Grat die Landschaft des Lebens und des Todes überblickt – und er gewinnt vollkommene Sicherheit, indem er sich sowohl in der einen als in der anderen gewahrt. Er erfährt einen Aufenthalt, wie vor einer einsamen Zollstation im höchsten Gebirge, wo ihm die Scheidemünze der Erinnerung in Gold gewechselt wird. Sein Bewußtsein reicht vor wie ein Licht, bei dessen Schein er erkennt, daß man ihn nicht hintergeht, sondern daß er Furcht gegen Sicherheit vertauscht.

In dieser Spanne, die zugleich zur Zeit auch schon nicht mehr zur Zeit gehört, darf man auch die Bezirke vermuten, die von den Kulten als die Purgatorien geschildert sind. Es ist der Weg, auf dem die menschliche Würde ihre Wiederherstellung erfährt. Es gibt kein Leben, das sich ganz vor dem Niederen bewahrt hätte; niemand kommt ohne Einbuße davon. Nun aber gibt es kein Ausweichen mehr, wie in einem felsigen Engpasse, und auch kein Zögern, welche Hindernisse sich auch auftürmen. Der Tod regiert jetzt den Schritt, wie ein ferner Katarakt den Lauf der Strömung bestimmt. Der Mensch gleicht auf diesem einsamen Marsche, den nichts zu hindern vermag, einem Soldaten, der seinen Rang zurückgewinnen wird.

Wie dem Kinde Organe gegeben sind, welche die Geburt erleichtern und ermöglichen, so besitzt der Mensch auch Organe für den Tod, deren Bildung und Kräftigung zur theologischen Praxis gehört. Wo diese Kenntnis erlischt, verbreitet sich dem Tode gegenüber eine Art von Idiotie, die sich im Anwachsen der blinden Angst wie auch einer ebenso blinden, mechanischen Todesverachtung verrät.

HANS LEIFHELM

Lob der Vergänglichkeit
Letzte Fassung

So will ich dich preisen, Vergänglichkeit, die du
      beherrschst die irdische Zeit,
Die du das Leben inbrünstiger machst, die du auch
      flammender mich entfachst,
Kündend die Nimmerwiederkehr, kündend das eherne
      Nimmermehr.

Einmal und einzig ist jedes Geschehn, nicht wird die
      Welle als gleiche erstehn,
Die sich zu meinen Füßen bricht, einmal wird Jedes
      geboren zum Licht,
Während sich rings schon der Schatten schart, während
      Geburt mit dem Tode sich paart.

Inbrunst sei dir flammend geweckt, – sieh das kleine
      glaszarte Insekt,
Das beim Anhauch flüchtig entschwebt, auch in diesem
      Vergänglichsten lebt
Schönheit des Einzigen unversehrt, die dir nimmermehr
      wiederkehrt.

Leben ist Sterben immerdar, aber einzig und wunderbar
Jedes Geschehen dem Dunkel entbricht, jedes Leben
      auffunkelt im Licht,
In der Einmaligkeit hochgeweiht, unversehrbar in
      irdischer Zeit.

Dunkel liegt deine Zukunft verdeckt, Inbrunst sei dir
              flammend geweckt,
Nichts im Handeln eitel zu tun, nicht in der Träge
              Schatten zu ruhn,
Uns ist verliehen der Liebenden Kraft und des
              Wahrhaftigen Leidenschaft.

Leben ist Sterben immerdar, aber lebendig im späteren
              Jahr
Macht es die Regung unserer Brust, denn des Ewigen
              während Lust
Wirft schon Abglanz in unser Herz, jedes Geschehen
              schreibt sich in Erz.

Gutes und Böses wirkt weiter fort, so wie das Licht, so
              strahlt auch das Wort,
Strahlt auch die flüchtigste Regung des Hirns über die
              Bahnen unsres Gestirns,
Untilgbar in der Sternenbahn wirkt was getan, was nicht
              getan.

Einmal der Mensch und nur einmal der Tag, denk es bei
              jedem Herzensschlag,
Nichts, was geschieht, wird nichtig gemacht, nichts, was
              versäumt, wird später vollbracht,
Jeder wahre sein heiliges Recht, jeder verbürge des
              anderen Recht!

BERTOLT BRECHT

Gegen Verführung

1

Laßt euch nicht verführen!
Es gibt keine Wiederkehr.
Der Tag steht in den Türen;
Ihr könnt schon Nachtwind spüren:
Es kommt kein Morgen mehr.

2

Laßt euch nicht betrügen!
Das Leben wenig ist.
Schlürft es in vollen Zügen!
Es wird euch nicht genügen
Wenn ihr es lassen müßt!

3

Laßt euch nicht vertrösten!
Ihr habt nicht zu viel Zeit!
Laßt Moder den Erlösten!
Das Leben ist am größten:
Es steht nicht mehr bereit.

4

Laßt euch nicht verführen!
Zu Fron und Ausgezehr!
Was kann euch Angst noch rühren?
Ihr sterbt mit allen Tieren
Und es kommt nichts nachher.

Das Lied vom Fluß der Dinge

1

Wie oft du auch den Fluß ansiehst, der träge
Dahinzieht, nie siehst du dasselbe Wasser
Nie kehrt es, das hinunterfließt, kein Tropfen von ihm
Zu seinem Ursprung zurück.
> Beharre nicht auf der Welle
> Die sich an deinem Fuß bricht, solange er
> Im Wasser steht, werden sich
> Neue Wellen an ihm brechen.

2

Ich war sieben Jahre an einem Ort, hatte ein Dach über
Dem Kopf
Und war nicht allein.
Aber der Mann, der mich nährte und dem keiner glich
Eines Tages
Lag er unkenntlich unter dem Laken der Gestorbenen.
Dennoch aß ich auch an diesem Abend mein Nachtessen.
Und ich vermietete bald das Zimmer, in dem wir uns
Umarmt hatten
Und das Zimmer ernährte mich
Und jetzt, wo es mich nicht mehr ernährt
Esse ich auch noch.
Ich sagte:
> Beharre nicht auf der Welle
> Die sich an deinem Fuß bricht, solange er
> Im Wasser steht, werden sich
> Neue Wellen an ihm brechen.

3

So hatte ich auch einen Namen
Und wer den Namen hörte in der Stadt, sagte:
        Das ist ein guter Name.
Aber eines Nachts trank ich vier Gläser Korn
Und am andern Morgen stand an meiner Tür
        mit Kreide ein
Schlechtes Wort.
Da nahm der Milchmann die Milch wieder mit fort
Mein Name war hin.
Wie Leinen, das weiß war und schmutzig wird
Und kann wieder weiß werden, wenn du es wäschst
Aber halte es gegen das Licht und sieh: es ist nicht
Das gleiche Leinen.
Nenne doch nicht so genau deinen Namen. Wozu denn?
Wo du doch immerzu einen andern damit nennst.
Und wozu so laut deine Meinung, vergiß sie doch
Welche war es denn gleich? Erinnere dich doch nicht
Eines Dinges länger, als es selber dauert.
    Beharre nicht auf der Welle
    Die sich an deinem Fuß bricht, solange er
    Im Wasser steht, werden sich
    Neue Wellen an ihm brechen.

4

Ich sprach auch mit vielen Leuten und hörte
Genau zu und hörte viele Meinungen
Und hörte viele von vielem sagen: das sei ganz sicher!
Aber zurückkehrend sprachen sie anders, als sie ehedem
        gesprochen hatten
Und von dem andern sagten sie: das ist sicher.

39

Da sagte ich mir: von den sicheren Dingen
Das Sicherste ist der Zweifel.
  Beharre nicht auf der Welle
  Die sich an deinem Fuß bricht, solange er
  Im Wasser steht, werden sich
  Neue Wellen an ihm brechen.

ELISABETH LANGGÄSSER

Vergehender Frühling

Abgeblüht ist schon das weiße
Ackerhornkraut, und das Zelt,
welches die Larve, die leise,
lila umschäumte, zerfällt.
Löwenzahn löschte die Lampe,
Lerchensporn samte geschwind,
Brennessel trat vor die Rampe,
Schwalbenflug schreibt in den Wind:
– Blaß wie auf brüchiger Seide –
lobe das Urbild und scheide!

Dulde Verwandlung und eile
von der Erscheinung zum Sinn.
Fürchte dich nicht vor der Feile
emsiger Grillen. Ich bin
noch überm Grab des Osiris,
aber du selbst bist schon fort,

wenn dich mit Schwertern der Iris
Hingang des Frühlings durchbohrt.
Unser die brüchige Seide
irdischer Dauer. Du scheide!

MARIE LUISE KASCHNITZ

Die Ewigkeit

Sie sagen, daß wir uns im Tode nicht vermissen
Und nicht begehren. Daß wir, hingegeben
Der Ewigkeit, mit andern Sinnen leben
Und also nicht mehr voneinander wissen.

Und Lust und Angst und Sehnsucht nicht verstehen,
Die zwischen uns ein Leben lang gebrannt,
Und so wie Fremde uns vorübergehen,
Gleichgültig Aug dem Auge, Hand der Hand.

Wie rührt mich schon das kleine Licht der Sphären,
Das wir ermessen können, eisig an,
Und treibt mich dir ans Herz in wilder Klage.

O halt uns Welt im süßen Licht der Tage,
Und laß solang ein Leben währen kann
Die Liebe währen.

Wandel

Verdorrte Blätter zeigen
uns was der Tod vermag.
Wir kleiden uns in Schweigen
und düstern mit dem Tag.

Es kreisen schon die Krähen
um alles was verfällt.
Der Herr läßt es geschehen,
daß nichts zusammenhält.

Und ist es dann geboten,
daß endet was begann,
so flehen wir die Toten
um neuen Wandel an.

ROY CAMPBELL

Herbst

Wenn die Blätter scheiden, seh ich gern
die klare Baumgestalt erscheinen,
den Winter, das Vorbild der Kunst,
der alle Formen von Leben und Gefühl vernichtet,
nur das nicht, was rein ist und überleben wird.

Schon jetzt sind die klirrenden Ketten
der Gänse vor den Mond gespannt:
entkleidet sind die weiten, sonnenbewölkten Flächen:
und die dunklen Kiefern enthüllen sich selbst
und lassen die Nadeln des Mittags ein.

Erschöpft vom Wind erbleichen die Oliven
wie grauhaarige Ringer, von Mühe gebeugt,
und an den Weinstöcken werden die Zweige lichter,
um unsere Fässer zu füllen, wo der Sommer verweilt
im roten Schaum und sonnengoldenen Öl.

Bald werden auf unseres Herdes neu entstehendem
        Scheiterhaufen
ihre verrotteten Stengel zerbröckeln:
und wie ein feuerspeiender Rubin
wird die Traube deine Finger röten
durch den leuchtenden Kristallpokal.

Strophen

Ich gehe langsam aus der Welt heraus
in eine Landschaft jenseits aller Ferne,
und was ich war und bin und was ich bleibe
geht mit mir ohne Ungeduld und Eile
in ein bisher noch nicht betretenes Land.

Ich gehe langsam aus der Zeit heraus
in eine Zukunft jenseits aller Sterne,
und was ich war und bin und immer bleiben werde
geht mit mir ohne Ungeduld und Eile,
als wär ich nie gewesen oder kaum.

ERHART KÄSTNER

Kloster Grigoriu: Gärten und Gräber

Eine Pforte des Klosters war bergwärts gelegen. Wir tra-
ten aus. Sieben Gartenterrassen stuften sich zum sonnen-
überglänzten Meere hinab.

Eine Kapelle, dabei der Friedhof des Klosters. Aber
nur wenige Gräber, vier oder fünf, und kein Schmuck.

Eiserne Kreuze; nur der Name des Mönchs und sein
Todesjahr steht darauf, nicht sein Geburtsjahr, nicht sein
Heimatort, nicht sein wirklicher Name und kein beson-

derer Spruch. So ein Grab ist ja keine Ruhestätte für lange, nur für drei Jahre. Nach drei Jahren nämlich verläßt es der Tote und macht einem anderen Platz. Was dann noch da ist, findet im Ossuarium Platz.

Kein Grabstein also, der ein kleines Denkmal sein möchte. Auch die eisernen Kreuze sind nur wie die Etiketten, die man im Frühjahr auf die Beete verteilt, bis man am Aufgegangenen ohnehin sehen kann, was es ist. Aber keine Spur von Melancholie liegt über dem Platz. Weniger Trauer, als über Friedhöfen sonst ist.

Wir suchten das Ossuarium, das in der Nähe sein mußte, und fanden es als Kellergelaß der Kapelle. Der Keller barg die Ernte des Klosters und seine Geschichte, denn *hier* war seine Geschichte, hier mehr als sie in seinen Urkunden war.

Der Raum war geweißt und die Knochen geschichtet, als wenn sie ein Vorrat seien, auf den man irgendwann zurückgreifen werde. Rechts waren die Schädel aufeinandergebeugt, links Schenkelknochen und Arme wie Holz für den Winter. Von der kleineren Zutat war wenig zu sehn. Auf einigen Schädeldecken ein Name.

Ein Mönch kam von den oberen Gartenterrassen mit geschulterter Hacke. Er blieb stehn, als er uns im Knochenkeller erblickte. Ich sagte, indem ich die Hand auf ein weißes Schädeldach legte: »Du hast gewiß ziemlich Viele von denen gekannt.« »O-bo-bo!« machte er, »wo ich vierundfünfzig Jahre hier bin?« »Vielleicht hundert?« wollte ich wissen. Er wehrte ab, als habe ich mich einer Übertreibung schuldig gemacht, die ihn verstimmte. »...oder achtzig?« Er bejahte, als sei das nun wieder viel zu niedrig gegriffen. Als er hörte, wir seien Deutsche, fühlte er sich zu einer Betrachtung verpflichtet: »Da sind die Deutschen bis nach Ägypten gerannt und die Russen rennen nach Wien und Berlin; der eine rennt nach Amerika und der andere ans Ende der Welt und wieder nach Europa zurück – und wozu? was bleibt übrig? Was da drin ist.« Er deutete auf die vom Tode aufgeknackten Gehäuse, zuckte die Achseln und ging.

Wir besprachen, daß verleugneter Gräberkult eigentlich urchristlich sei. Der Tod ist im Christlichen nichts. Er ist gut genug, um die Metapher fürs Schlechte, fürs Wertlose, fürs Schale und Vermeidenswerte zu sein, aber *das Leben* steht für das Licht. *Das Leben* ist die Metapher für Gott, nicht der Tod. Der Tod ist nie etwas anderes als die Metapher für die Finsternis und das Wesenlose gewesen; das Leben, nicht der Tod führt zu Gott. Der Tod ist das Dumme und Taube, der Tod ist der Sünde Sold, der Tod ist das Ende der Möglichkeit, sich zum Lichte rufen zu lassen. Es ist heidnisch, in einem unaufhörlichen Memento mori zu leben und es ist christlich, vom Tod keine besonders hohe Meinung zu haben. Es ist heidnisch, auf Totenkult und Unsterblichkeit zuzuleben und zu glauben, daß man durch Ruhm und Nachruhm und durch unsterbliche Werke das Lebenszeitröckchen ein bißchen herauslassen könne. Es ist nicht christlich, das Leben von der Melancholie des Tods überschatten zu lassen. Die Verehrung des Todes ist immer Sache des Heidentums oder das Zeichen eines heidnischen Restes gewesen, vielleicht schön, aber heidnisch. Wie denn Grabkult etwas durchaus Heidnisches ist. Da legt man sich schöne Grabstätten an, um sich auch nach dem Tod noch ein kleines Daheim zu erschwindeln. Sich da, wo es bestimmt kein Zuhause mehr gibt, ein kleines Zuhause zu schaffen. Jedem Toten ein Denkmal.

Wir verließen den Knochenkeller, der Weg ging bergan. Ein Lavendelbusch, groß wie ein großer Johannisbeerstrauch, blühte blau, duftete sehr und war von Bienen umsummt. Hier hatte mans wahr gemacht: hier ließ man wirklich die Toten ihre Toten begraben. Hier war es verstanden, daß der Tod das Nichtige und das Überwundene ist. Diese Gräber waren eine Absage an den Unsterblichkeitsglauben; hier wußte man, daß es sich durchaus nicht empfiehlt, an Ruhm und unsterbliche Werke zu denken. Hier betrog man sich nicht damit, daß man das noch ein wenig hinausschob, was Ewigkeit ist, eine Ehrentafel lang oder ein Verwandten-Andenken: noch ein wenig Zeit herausschwindeln, noch ein wenig dableiben. Hier war kein Totenkult, hier war keine Trauer an Gräbern. Hier begriff man: »Die Trauer der Welt *bewirket* den Tod.«

Zwei große Orangenbäume wuchsen von der unteren Terrasse herauf und waren voll grüner, ausgewachsener Bälle im dunkelglänzenden Laub, zugleich voller Knospen. Die Fröhlichkeit, die wir so viele und überwältigende Male auf dem Athos antrafen: fast schiens, daß ein Wellenkamm dieser Freude bis in die Gräberwelt schlug. Eine Stätte der Ohnmacht des Todes, nicht seiner Verehrung, nicht seiner Vergötzung. Durchaus nicht seines Triumphs.

Wir überblickten alle sieben Gartenterrassen bis dort hinab wo das Meer sie mit weißen Fransen beflocht. Man sah die Bohnenterrasse und die Tomatenterrasse, Endivien, Blumenkohl, Auberginen und die Zwiebelterrasse. Weit drunten sah man zwei Mönche und zwei weltliche Arbeiter bei den Kürbissen werken; einer hackte nach Landessitte das lockere Erdreich mit der großen Stielhacke um, man kennt nicht den Spaten, beim andern konnte man selbst auf diese Entfernung erkennen, daß ihm die Arbeit zuwider war; die Griechen verstehen es ausgezeichnet zum Ausdruck zu bringen, daß sie die Arbeit der Hände, Adams Fluch, für eine Zumutung halten, während ihr Geist, ihre Logik, ihre Fantasie und ihre Berechnung in jedem Augenblick zu Abenteuern aufgelegt sind.

Auch nach oben treppten sich noch Terrassen hinan, zwölf im Ganzen. Eine Stützmauer wurde gerade erneuert, indem man die neue dicht vor die alte hinstellte, die stückweis abgebaut wurde, sobald die neue soweit war, daß sie das Erdreich auffangen konnte, für den Fall, daß es nachrutschen wollte; auch regelmäßige Lücken zum Austritt der Feuchtigkeit waren bedacht.

Das Erdreich war locker und schwarz. Tausend Jahre nie unterbrochenen Gartenfleißes hatten es mürbe gemacht. Ein wenig zu taub kam mirs vor, es schien Dünger zu fehlen; freilich, Dünger, woher, da ja keine Stallwirtschaft war. Doch war Wasser vorhanden wie in Griechenland selten. Ganz droben war ein großes turmgleiches Wasserbassin, das wir anfangs für einen Festungsbau hielten. Es waren schon Regen niedergegangen und es war nicht mehr nötig, zu speichern; der Zuleitungsbach schoß nutzlos geradenwegs ab. Alles war grün, alles voll Saft; was die Jahreszeiten betrifft, so ist holde Verwirrung. Waren am Berg jetzt, im späten Oktober, die Alpenveilchen zu Zehntausenden und der gelbe und blaue Krokus im Blühn, begannen jetzt die Wiesen zu grünen, so war in den Gärten noch nichts vom Ermatten des Fruchtjahrs zu merken, jetzt, wo die Orangen zu reifen begannen und zugleich Blütenknospen austrieben. Noch hingen auch die Äpfel am Baum, eine Sorte, die bei uns unbekannt ist: nicht sehr große, zylindrische Früchte, süß und in unglaublicher Fülle.

Die hätte ich gerne bebaut, diese hängenden Gärten.

Im Geist besiedelte ich sie mit nachtblauen Ritterspornarten, mit Fingerhut, Sonnenblumen, auch Kletterrosen wegen der Früchte, der Hagebutten, aus denen mir leider niemand mehr Eingemachtes zuzubereiten versteht. Auch war ich willens, alle möglichen Lilienarten zu ziehen, mit denen ich im heimischen Garten nur halbe Erfolge erziele; auch Iris, wenn es nicht die weichliche, aufgeplusterte Schwertlilie ist, sondern die kühlere spitze, die sich mit tiefem Enzianblau und eidottergelber Mitte begnügt. Auch den überjährigen Flachs hätte ich gerne gezogen, beetweise, der beim leisesten Luftzug in ein schlankes Wiegen verfällt, und mir die Hoffnung gemacht, den ganzen unendlichen Sommer im unaufhörlichen Seewind ein blaues Wogen zu haben. Auch an Himbeeren hätte es mir bestimmt nicht gefehlt, die eine Zuflucht jeden Gartenfreunds sind, weil sie bei wenig Kunst und Mühe geraten; auch an Brombeeren nicht, über die heißgeglühten Stützmauern hin, und Quitten und Granatäpfel waren ohnehin da. Die Ölbaumschule, die ich auf der obersten Terrasse entdeckte, hätte ich stehen gelassen, mädchenhaft zarte, biegsame, kühle, bläulich-grüne Athenen, blattreich und wüchsig. Ich wurde in meiner Überzeugung bekräftigt, daß der Ölbaum eigentlich ein Gartenbaum ist; auf dem Feld, in der ungenauen Pflege des Ackers kommt er nicht zu der Entfaltung, die erst sein Wesen enthüllt.

Ja, diese hängenden Gärten hätt ich gerne, fürs Leben gerne bebaut. Wer nichts von der Gartenleidenschaft weiß, wird mein Schwärmen mit taubem Ohre vernehmen. Woran nichts Besonderes ist, da jede Leidenschaft eine geheime Sprache erzeugt, die nur die Ergriffnen verstehn, die Spieler, die Musiker, die Maler, die Liebenden so wie die Gärtner. So kommt es, daß wir übers Kreuz hin und her in hundert verschiedenen Geheimsprachen sprechen; wer aber ohne Leidenschaft spricht, spricht eine Sprache, die niemand versteht, die nur das Gespenst einer Sprache und keineswegs Mitteilung ist.

Jeder Garten ist soviel wert wie die Liebe und Mühe, die für ihn aufgewandt wird. In diesen Terrassen zu graben, an die tausend Sommer noch ein paar neue zu hängen, ein paar Kettenglieder durch meine Hand gleiten zu lassen, das hielt ich der Mühe für wert. Hier hätte ich das Gefühl der Mitte gehabt; denn dieser Erdkreis hat Stellen, die das Mittelpunkthafte besitzen; andere Stellen hingegen, seien sie auch fruchtbar und üppig und schön, werdens nie schaffen. Hier war Mitte.

Freilich, unter einem Gärtner wie meinesgleichen wäre aus diesen Klosterterrassen nichts weiter als ein frommer Schloßgarten geworden. Ich hätte es mir angelegen sein lassen, Welt zu gewinnen, nicht aber, wie jene Mönche, der Welt gestorben zu sein. Als Gärtner hätte ich halt, wie alle Gärtner, Wurzeln zu treiben versucht in ein kleines Stück dieser Welt. Während es doch die Sorge dieser Gläubigen war, nicht einmal eine kleine Höhle im Schoß dieser Erde ihr eigen, nicht einmal grabesbreit ihr Zuhause zu nennen.

Auf dem Friedhof von Grigoriu mußte ich an den berühmtesten Friedhof des Westens, den Père Lachaise denken, der sein genaues Gegenteil ist. Schon daß an den dortigen Gräbern unzählige Male das eingemeißelte »Concession à perpétuité« steht, »gemietet für immer«, läßt merken, daß man sich am anderen Pole befindet. In Grigoriu mietet man nur für drei Jahre. Und noch bei Schiller und dem Weimarer Beinhaus wars so.

Wie schauerlich komisch, auf einem Friedhof vom

Perpetuellen zu sprechen. Auf einem Friedhof wenigstens sollte vom Immerwähren die Rede nicht sein. Hier wenigstens sollte gesagt werden dürfen, daß nichts immer währt. Daß es kein letzter Wunsch sein kann, das Zeitliche zu verlängern. Daß Dauer das Ganz-Andere der Ewigkeit ist.

Davon will Père Lachaise auf keinen Fall etwas hören. Er ist römisch, nicht griechisch. Per saecula saeculorum: er reiht Denkmal an Denkmal und Nachruhm an Nachruhm, preist die Unsterblichkeit, und wenn ers weit bringt, bringt ers zur Todesmelancholie. Das ist wenig.

Der Tod als Sieger, der Tod als Ordensverleiher, der Tod als Tor zur Unsterblichkeit, der Tod als Großsiegelbewahrer des Ruhms? Zuviel Ehre dem Tod, zuviel Ehre.

ERIKA MITTERER

Dunkles Liebeslied

Du blasser Freund, wie müde sind wir beide!
Und sind doch beide seltsam voller Mut.
Und wenn du traurig bist, bedenk, wie gut,
zu wissen, daß ich heimlich mit dir leide.

O schweige still, die großen Worte meide!
Denn mir ist wohl in deiner Augen Hut.
Du ahnst, daß ich schon morgen von dir scheide?
Du mußt vergessen, daß es wehe tut.

Wir glauben nichts. Was könnten wir beschwören!
Trotzdem ist uns die Seligkeit gewährt:
wir atmen ja, dürfen uns angehören –

sind wir es noch, die immer viel entbehrt?
Jetzt sind wir unser. Keine Zukunft droht.
Jetzt sind wir glücklich. Und wie bald schon: tot.

MASCHA KALÉKO

Ich werde fortgehn im Herbst

Ich werde fortgehn im Herbst
Wenn die grauen Trauerwolken
Meiner Jugend mich mahnen.
Keine Fahnen werden flattern
Keine Böller knattern
Krähen werden aus dem Nebel schrein
Schweigen, Schweigen, Schweigen
Hüllt mich ein.
Ich werde gehen wie ich kam
allein.

GÜNTER EICH

Aurora

Aurora, Morgenröte,
du lebst, oh Göttin, noch!
Der Schall der Weidenflöte
tönt aus dem Haldenloch.

Wenn sich das Herz entzündet,
belebt sich Klang und Schein,
Ruhr oder Wupper mündet
in die Ägäis ein.

Uns braust ins Ohr die Welle
vom ewigen Mittelmeer.
Wir selber sind die Stelle
von aller Wiederkehr.

In Kürbis und in Rüben
wächst Rom und Attika.
Gruß dir, du Gruß von drüben.
wo einst die Welt geschah!

Ende eines Sommers

Wer möchte leben ohne den Trost der Bäume!

Wie gut, daß sie am Sterben teilhaben!
Die Pfirsiche sind geerntet, die Pflaumen färben sich,
während unter dem Brückenbogen die Zeit rauscht.

Dem Vogelzug vertraue ich meine Verzweiflung an.
Er mißt seinen Teil von Ewigkeit gelassen ab.
Seine Strecken
werden sichtbar im Blattwerk als dunkler Zwang,
die Bewegung der Flügel färbt die Früchte.

Es heißt Geduld haben.
Bald wird die Vogelschrift entsiegelt,
unter der Zunge ist der Pfennig zu schmecken.

RUDOLF HAGELSTANGE

Zuspruch im Herbst

Nun ist die Zeit erfüllt, da alle Krüge
verschüttet haben ihren Trank.
Gesegnet, wem in seliger Genüge
der letzte Becher aus der Hand entsank,
und daß er jenes Lächeln trüge,
das Tote tragen, die ein Leben lang

Geliebte waren, ohne zu erfahren,
wie nah sie tausend Schmerzen waren.

Denn diese Zeit ist größer, als wir wissen
und wissen dürfen. Und wir sind in ihr
gleich eingeschlossen und ihr gleich entrissen
wie eine Blume oder ein Getier,
das tausendjährig aus den Finsternissen
gehoben wird. Und dir und mir
geschieht das gleiche. Aber unsere Tage
sind flüchtiger mit jedem Stundenschlage.

So sind wir schon in diesem Kreise
zu vielen Toden auserwählt
und auf geheime und besondre Weise
den Tieren und den Blumen zugezählt.
Nur, daß bei jeder Rast der Reise
uns immer heißer noch der Drang beseelt,
zu neuen Quellen unseren Fuß zu heben
und, noch gestillt, nach neuem Durst zu streben.

So trägt auch jeder Herbst in seinem Trauern
und seinem Hingehn schon den stillen Kern,
der Frucht wird, wenn nach Winters Dauern
die Mägde einen neuen Herrn
ausrufen und an alten Mauern
aufglänzt der erste Blütenstern.
So weht in aller Sturmesflügel Schlagen
ein Hauch schon aus den ersten Frühlingstagen.

Die Kraft, die durch den grünen Stiel die Blüte treibt

Die Kraft, die durch den grünen Stiel die Blüte treibt,
treibt mein grünes Alter; die der Bäume Wurzeln
              sprengt,
ist mein Verderber.
Und ich vermag nicht, der krummen Rose zu sagen,
dasselbe winterliche Fieber beugt meine Jugend.

Die Kraft, die durch den Fels das Wasser treibt,
treibt mein rotes Blut; die die mündenden Flüsse trocken
              macht,
wandelt meine zu Wachs.
Und ich vermag nicht, meinen Adern kundzutun,
wie am Bergquell saugt derselbe Mund.

Die Hand, die im Teich das Wasser quirlt,
bewegt den Treibsand; die den blasenden Wind fesselt,
zerrt an meinem Leichen-Segel.
Und ich vermag nicht, dem gehängten Mann zu sagen,
wie aus meinem Lehm entsteht des Henkers Kalk.

Die Lippen der Zeit blutsaugen an der Quelle;
die Liebe tropft und sammelt sich, doch das verfloßne
              Blut
wird ihre Wunden lindern.
Und ich vermag nicht, einem Wetterwind zu sagen,
wie die Zeit einen Himmel tickte um die Sterne.

Und ich vermag nicht, dem Grab des Liebenden zu
                    sagen,
wie meiner Hülle naht derselbe krumme Wurm.

Gedicht im Oktober

Es war mein dreißigstes Jahr himmelan,
da meinem Hören erwachte von Hafen und
                    Nachbarwald
und dem muschelgewaschenen und reiher-
gepriesterten Strand
der Morgen, ein Zeichen gebend,
mit Wasser betend und mit dem Ruf von Möwe und
                    Krähe
und dem Klopfen von Segelbooten an der netzgewebten
                    Wand,
selbst den Fuß zu setzen
diese Stunde
in die noch schlafende Stadt und mich aufzumachen.

Mein Geburtstag begann mit den Wasser-
vögeln und Vögeln beflügelter Bäume, die meinen
                    Namen flogen
über den Gehöften und den weißen Pferden,
und ich stand auf
im regnerischen Herbst
und ging hinaus in dem Schauer all meiner Tage.
Hohe Flut und die Reiher stürzten, als ich den Weg
                    nahm

über die Grenze;
und die Tore
der Stadt schlossen sich, als die Stadt erwachte.

Ein Frühling voll Lerchen in einer rollenden
Wolke und die Wegrandbüsche randvoll mit pfeifenden
Amseln und die Oktobersonne
sommerlich
auf des Hügels Schulter,
hier waren liebe Lüfte und süße Sänger auf einmal
gekommen am Morgen, an dem ich wanderte und
                        lauschte
dem regenauswringenden
Wind, der kalt blies
im Wald weit unter mir.

Bleicher Regen über dem schwindenden Hafen
und über der seenassen Kirche schneckenklein
mit ihren Hörnern durch Nebel und die Burg,
braun wie Eulen,
doch all die Gärten
von Frühling und Sommer blühten in den Märchen
jenseits der Grenze und unter der lerchenvollen Wolke.
Dort konnte ich
meinen Geburtstag
verstaunen, doch das Wetter wandte sich.

Es wandte sich ab vom heiteren Land
und hinab die andere Luft, und der blau-verwandelte
                    Himmel
wiederströmte ein Wunder von Sommer
mit Äpfeln
Birnen und roten Johannisbeeren,

und in diesem Wandel sah ich so deutlich
die vergessenen Morgen eines Kindes, wenn immer es
                ging mit seiner Mutter
durch die Parabeln
von Sonnen-Licht
und die Legenden der grünen Kapellen

und die wiedererzählten Felder der Kindheit,
daß seine Tränen meine Wangen brannten und sein Herz
                in meinem sich regte.
Dies waren die Wälder, der Fluß und die See,
wo ein Knabe
in der lauschenden
Sommerzeit der Toten die Wahrheit seiner Freude raunte
den Bäumen und Steinen und den Fischen der Flut.
Und das Geheimnis
sang lebendig
noch in Wasser und Singvögeln.

Und dort konnte ich meinen Geburtstag
verstaunen, doch das Wetter wandte sich. Und die wahre
Freude des lang toten Kindes sang brennend
in der Sonne.
Es war mein dreißigstes
Jahr himmelan, stand damals dort im Sommermittag,
wenn auch unten die Stadt lag beblättert mit
                Oktoberblut.
Oh, möge meines Herzens Wahrheit
gesungen werden noch
auf diesem hohen Hügel nach wieder einem Jahr.

Das Fremde
hat uns im Netz,
die Vergänglichkeit greift
ratlos durch uns hindurch,

zähl meinen Puls, auch ihn,
in dich hinein,

dann kommen wir auf,
gegen dich, gegen mich,

etwas kleidet uns ein,
in Taghaut, in Nachthaut,
fürs Spiel mit dem obersten, fall-
süchtigen Ernst.

Fall ab, Herz

Fall ab, Herz, vom Baum der Zeit,
fallt, ihr Blätter, aus den erkalteten Ästen,
die einst die Sonne umarmt',
fallt, wie Tränen fallen aus dem geweiteten Aug!

Fliegt noch die Locke taglang im Wind
um des Landgotts gebräunte Stirn,
unter dem Hemd preßt die Faust
schon die klaffende Wunde.

Drum sei hart, wenn der zarte Rücken der Wolken
sich dir einmal noch beugt,
nimm es für nichts, wenn der Hymettos die Waben
noch einmal dir füllt.

Denn wenig gilt dem Landmann ein Halm in der Dürre,
wenig ein Sommer vor unserem großen Geschlecht.

Und was bezeugt schon dein Herz?
Zwischen gestern und morgen schwingt es,
lautlos und fremd,
und was es schlägt,
ist schon sein Fall aus der Zeit.

Anrufung des Großen Bären

Großer Bär, komm herab, zottige Nacht,
Wolkenpelztier mit den alten Augen,
Sternenaugen,
durch das Dickicht brechen schimmernd
deine Pfoten mit den Krallen,
Sternenkrallen,
wachsam halten wir die Herden,
doch gebannt von dir, und mißtrauen
deinen müden Flanken und den scharfen
halbentblößten Zähnen,
alter Bär.

Ein Zapfen: eure Welt.
Ihr: die Schuppen dran.
Ich treib sie, roll sie
von den Tannen im Anfang
zu den Tannen am Ende,
schnaub sie an, prüf sie im Maul
und pack zu mit den Tatzen.

Fürchtet euch oder fürchtet euch nicht!
Zahlt in den Klingelbeutel und gebt
dem blinden Mann ein gutes Wort,
daß er den Bären an der Leine hält.
Und würzt die Lämmer gut.

's könnt sein, daß dieser Bär
sich losreißt, nicht mehr droht
und alle Zapfen jagt, die von den Tannen
gefallen sind, den großen, geflügelten,
die aus dem Paradiese stürzten.

Dunkles zu sagen

Wie Orpheus spiel ich
auf den Saiten des Lebens den Tod
und in die Schönheit der Erde
und deiner Augen, die den Himmel verwalten,
weiß ich nur Dunkles zu sagen.

Vergiß nicht, daß auch du, plötzlich,
an jenem Morgen, als dein Lager
noch naß war von Tau und die Nelke
an deinem Herzen schlief,
den dunklen Fluß sahst,
der an dir vorbeizog.

Die Saite des Schweigens
gespannt auf die Welle von Blut,
griff ich dein tönendes Herz.
Verwandelt ward deine Locke
ins Schattenhaar der Nacht,
der Finsternis schwarze Flocken
beschneiten dein Antlitz.

Und ich gehör dir nicht zu.
Beide klagen wir nun.

Aber wie Orpheus weiß ich
auf der Seite des Todes das Leben,
und mir blaut
dein für immer geschlossenes Aug.

CHRISTOPH MECKEL

Schinder

Schneeschwebe. Nacht. Mein Schinder ist zu Gast
und spricht, vor er mein Auge kommt zu brechen:
»Ich denke dran, daß du zu sterben hast
und will, was darauf folgt, mit dir besprechen.

Nochmals zu leben hab ich dir erlaubt
als ein Stück Vieh, ein Fleisch, ein tauber Knochen
mit Paviansschädel oder Walfischhaupt
das einst aus deinem Grabe kommt gekrochen –«

Schneeschwebe hör ich rauschen und muß wählen
bevor in meinem Auge fault das Licht
die Wälder und das Meer – entweder – oder –

Was soll ich dem Gewaltigen erzählen?
So oder so – die Götter seh ich nicht –
»Ich will nichts sein als meines Leibes Moder.«

EUGEN DREWERMANN

»Ich steig hinab in die Barke der Sonne«

Unsere Hoffnung in dem schwarzen Meer der Vergänglichkeit besteht in der Erwartung eines ewigen Lebens. Wenn aber wir für immer leben, wird auch diese Erinnerung an fremdes Leid für immer leben, und dieser Schmerz wird von uns unabtrennbar sein. Er wird in seiner dunklen Folie den Hintergrund abgeben für das Bild einer reinen Freude und einer alle Kreaturen einschließenden Harmonie.

Natürlich machen wir uns von der Beschaffenheit einer solchen Welt nicht die geringste Vorstellung. Während ich diese Zeilen schreibe, sitze ich auf der Fähre von Amrum nach Dagebüll. Ein weißes Band aus Schaum dehnt sich im Heck des Bootes bis zum Horizont, und die tiefstehende Sonne verwandelt es mit ihrem diesigen Licht in gleißendes wogendes Silber. Noch vor 360 Jahren war bewohntes Festland, was heute ein Teil des Meeres ist. Steinkistengräber im Westen von Amrum und Föhr bezeugen, daß schon vor mehr als 4000 Jahren Menschen hier lebten, ehe das Meer in den großen Fluten von 1362 und 1634 sein Leichentuch über das Marschland im Westen Nordfrieslands breitete. Am Rand einer trockengefallenen Sandbank sammeln Wattwanderer Muscheln auf und suchen nach Bernstein – Spuren versteinerten Lebens vor mehr als 50 Millionen Jahren. Was ist das Leben anderes als ein ewiger, gigantischer, nicht endender Austausch, als das Kommen und Gehen von Ebbe und Flut, als ein Aufwirbeln manchmal von schimmerndem Schaum, bestehend aus myriadenfachen kleinen Luftbläschen? Und selbst die Sonne und das Meer, selbst das Spiel der Wellen wird »bald« nicht mehr sein, sobald man die menschlichen Maßstäbe des Raumes und der Zeit zugunsten der Wahrheit verläßt. Wie lange sind 5 Milliarden Jahre »wirklich« in der Geschichte des Kosmos? Und wann beginnt das »Zeit«-Maß der Ewigkeit? *Die Barke der Sonne* – wo ist das Gestade der Unendlichkeit, zu dem sie unwiderruflich ausgelaufen ist, seit der tote Stoff der Welt begann, in Menschen sich als Geist zu regen? Zerplatzende Bläschen aus Wasser und Luft, die für einen Sekundenbruchteil einen winzigen Strahl der Sonne erhaschen, ehe sie sich auflösen und zerschmelzen mit dem ruhelosen Spiel der Wellen – was sind wir Menschen anderes, betrachtet als Teile der Welt?

Und doch! – Wir dürfen hoffen und möchten glauben, daß die Alten Ägypter recht hatten, und daß selbst die Sonne nur ein Symbol ist und die ganze Welt nichts als ein Ensemble von Bildern!

Der Wind ist kühler geworden. An der Leeseite des Bootes taucht ein Teppich bunt gefärbter Quallen auf. Die Motoren des Schiffes wühlen darüber hinweg, ohne die geringste Notiz davon zu nehmen, daß sie Lebendes unter sich zermalmen und zermahlen. Ein paar Möwen begleiten die Fahrt, dankbar für jede Form hingeworfener Beute. Die Hallig-Warften von Langeneß pflügen sich wie im Konvoi, Lastkähnen gleich, durch das neblig-grau verblaßte Meer. In jedem der trotzig bewehrten und doch so bedrohten Gehöfte wohnen Menschen mit Pferden und Kühen und Schafen und Hühnern. Das Meer hat sie ermöglicht, doch behüten muß sie Gott. Es gibt keinen Gott, wenn es keine Unsterblichkeit gibt; denn gäbe es ihn und es wäre ihm gleichgültig und er erwiese sich als fühllos auch nur gegenüber dem kleinsten fühlenden Wesen, so wäre er gleichgültig uns, die wir denken und fühlen trotz unserer Kleinheit. Entweder alles kehrt wieder: die Quallen und die Möwen, die Wolken und die Warften, die Sonne und das Meer, oder alles ist nichts. Einzig um wiederzukehren, muß alles, was ist, hinübergehen in jenes Schimmern des Lichtes, dessen Form der Geist ist, ein Sein ohne Vorstellung, das wir nur ahnen. Es ist die ewige Wahrheit der Alten Ägypter: Alles ist nur ein Gleichnis – nicht mehr und nicht weniger; alles ist eine Erscheinung im Übergang, eine magische Chiffre der Verwandlung *allen* Lebens in die Sphäre des Göttlichen. Nichts vergeht wirklich in den Stunden des Todes.

Es handelt sich um ein menschheitliches Wissen. Von dem »Ort, an dem man zu Gott wird«, von *Teotihuacan*, sagten die mittelamerikanischen *Azteken*: »Wenn wir sterben, sterben wir nicht wirklich; weil wir leben, werden wir auferstehen; wir leben weiter, wir werden erweckt. Das macht uns glücklich.« Deshalb sagten die Alten: »Wer gestorben ist, hat sich in Gott verwandelt.« Man darf hinzufügen: Wir sterben niemals allein. Im Augenblick unseres Todes steigen wir gemeinsam »*hinab in die Barke der Sonne*«.

Verzeichnis der Autoren, Texte und Druckvorlagen

APOKRYPHEN

Die Bibel in der Übersetzung Martin Luthers. Mit Apokryphen.
Stuttgart: Deutsche Bibelgesellschaft, 1985. [Sirach 14,14–21.]

ROSE AUSLÄNDER (1901–1988)

R. A.: Gesammelte Werke in 7 Bänden. Hrsg. von Helmut Braun.
[Bd. 2:] Die Erde war ein atlasweißes Feld. Gedichte 1927–1956.
Frankfurt a. M.: S. Fischer, 1985. S. 165. – © 1985 S. Fischer Verlag
GmbH, Frankfurt am Main.

INGEBORG BACHMANN (1926–1973)

I. B.: Werke. Hrsg. von Christine Köschel, Inge von Weidenbaum
und Clemens Münster. Bd. 1. München: Piper, 1978. (1) S. 31. (2)
S. 95. (3) S. 32. – © 1978 R. Piper & Co. Verlag, München.

GOTTFRIED BENN (1886–1956)

G. B.: Sämtliche Werke. Stuttgarter Ausgabe. In Verb. mit Ilse Benn
hrsg. von Gerhard Schuster. Bd. 1: Gedichte 1. Stuttgart: Klett-
Cotta, 1986. (1) S. 256. (2) S. 205 f. (3) S. 319. (4) S. 143. (5) S. 223.
– © 1986 Verlagsgemeinschaft Ernst Klett Verlag/J. G. Cotta'sche
Buchhandlung Nachf., Stuttgart. (1, 3, 4) – © 1948, 1983 Arche Ver-
lag AG Raabe und Vitali, Zürich. (2, 5) [Aus: *Statische Gedichte.*]

272

EUGEN DREWERMANN (geb. 1940)

E. D.: Über die Unsterblichkeit der Tiere. Hoffnung für die leiden-
de Kreatur. Olten/Freiburg i. Br.: Walter, ⁴1992. S. 52–55. [Über-
schrift vom Hrsg.] – © Walter Verlag AG, Solothurn.

GÜNTER EICH (1907–1972)

G. E.: Gesammelte Werke. Hrsg. vom Suhrkamp Verlag in Verb.
mit Ilse Aichinger und unter Mitw. von Susanne Müller-Hanpft
[u. a.]. Bd. 1: Die Gedichte. Die Maulwürfe. Hrsg. von S. M.-H.
und Horst Ohde. Frankfurt a. M.: Suhrkamp, 1973. (1) S. 23f. (2)
S. 79. – © 1973 Suhrkamp Verlag, Frankfurt am Main.

JOSEPH VON EICHENDORFF (1788–1857)

J. v. E.: Neue Gesamtausgabe der Werke und Schriften in 4 Bänden.
Hrsg. von Gerhard Baumann und Siegfried Grosse. Bd. 1. Stuttgart:
Cotta, 1957. (1) S. 69. (2) S. 243.

EPIKTET (um 50–138)

Griechische Lebensweisheit und Lebenskunst. Hrsg. von Wilhelm
Nestle. Stuttgart/Weil der Stadt: Hädecke, 1949. S. 226f.

EPIKUR (341–270 v. Chr.)

E.: Briefe, Sprüche, Werkfragmente. Griech./Dt. Übers. und hrsg.
von Hans-Wolfgang Krautz. Stuttgart: Reclam, 1980 [u. ö.]. Uni-
versal-Bibliothek. Nr. 9984.) S. 41–47.

neu bearb. von Annette und Raimund Theis. Stuttgart: Deutsche Verlags-Anstalt, 1990. S. 50f. [Eintrag vom 10. Mai 1940.] – © 1990 Deutsche Verlags-Anstalt GmbH, Stuttgart.

JOHANN WOLFGANG GOETHE   (1749–1832)

Goethes Werke. Hamburger Ausgabe in 14 Bänden. Hrsg. von Erich Trunz. Bd. 2: Gedichte und Epen 2. München: Beck, [10]1976. S. 18f. (1)
Goethes Werke. Hamburger Ausgabe [...]. Bd. 1: Gedichte und Epen 1. München: Beck, [10]1974. (2) S. 368f. (3) S. 359f. (4) S. 247f. (5) S. 143.
Goethes Werke. Hamburger Ausgabe [...]. Bd. 13: Naturwissenschaftliche Schriften 1. München: Beck, [6]1971. S. 45–47. (6)
J. W. G.: Faust. Der Tragödie erster Teil. Neu durchges. Ausg. Stuttgart: Reclam, 1986 [u. ö.]. (Universal-Bibliothek. Nr. 1.) S. 3. (7)
J. W. G.: Faust. Der Tragödie zweiter Teil. Neu durchges. Ausg. Stuttgart: Reclam, 1986 [u. ö.]. (Universal-Bibliothek. Nr. 2.) S. 207–214. (8)

HANS JAKOB CHRISTOPH VON GRIMMELSHAUSEN   (1622–1676)

H. J. Ch. v. G.: Der abenteuerliche Simplicissimus Teutsch. Einl. von Volker Meid. Stuttgart: Reclam, 1961. Neuausg. 1986 [u. ö.]. (Universal-Bibliothek. Nr. 761.) S. 617–621.

ANDREAS GRYPHIUS   (1616–1664)

A. G.: Gedichte. Eine Auswahl. Hrsg. von Adalbert Elschenbroich. Stuttgart: Reclam, 1968 [u. ö.]. (Universal-Bibliothek. Nr. 8799.) (1) S. 5. (2) S. 10. (3) S. 11. (4) S. 11. (5) S. 12.

RUDOLF HAGELSTANGE   (1912–1984)

R. H.: Lied der Jahre. Gesammelte Gedichte 1931–1961. Frankfurt a. M.: Insel Verlag, 1961. S. 14f. – Mit Genehmigung von Regine Stolzke, Dreieich.

HEINRICH HEINE   (1797–1856)

H. H.: Sämtliche Schriften. Hrsg. von Klaus Briegleb. Bd. 2. Hrsg. von Günter Häntzschel. München: Hanser, 1969. S. 387f. [Aus: *Reisebilder*; Überschrift vom Hrsg.]

HERAKLIT   (um 500 v. Chr.)

Die Vorsokratiker. Griech./Dt. Ausw. der Fragmente, Übers. und Erl. von Jaap Mansfeld. Stuttgart: Reclam, 1987. (Universal-Bibliothek. Nr. 10344.) S. 257–273. [Nr. 45–48, 62–67, 87, 93–97; Überschrift vom Hrsg.]

HERMANN HESSE   (1877–1962)

Die Neue Rundschau 66 (1955) S. 256f. (1) – © Suhrkamp Verlag, Frankfurt am Main.
H. H.: Gesammelte Werke in 12 Bänden (werkausgabe edition suhrkamp). Bd. 1: Gedichte. Frühe Prosa. Peter Camenzind. Frankfurt a. M.: Suhrkamp, 1970. S. 119. (2) – © 1970 Suhrkamp Verlag, Frankfurt am Main.

GEORG HEYM   (1887–1912)

G. H.: Dichtungen und Schriften. Gesamtausgabe. Hrsg. von Karl Ludwig Schneider. Bd. 1: Lyrik. Bearb. von K. L. Sch. und Gunter Martens unter Mithilfe von Klaus Hurlebusch und Dieter Knoth. Hamburg/München: Ellermann, 1964. S. 462f.

CHRISTIAN HOFMANN VON HOFMANNSWALDAU   (1617–1679)

Ch. H. v. H.: Gedichte. Ausw. und Nachw. von Manfred Windfuhr. Stuttgart: Reclam, 1964 [u. ö.]. (Universal-Bibliothek. Nr. 8889.) (1) S. 103. (2) S. 95.

HUGO VON HOFMANNSTHAL   (1874–1929)

H. v. H.: Sämtliche Werke. Krit. Ausg. Veranstaltet vom Freien Deutschen Hochstift. Hrsg. von Rudolf Hirsch, Clemens Köttelwesch, Heinz Rölleke und Ernst Zinn. Bd. 1: Gedichte 1. Hrsg. von Eugen Weber. Frankfurt a. M.: S. Fischer, 1984. (1) S. 58. (2) S. 67. (3) S. 54. (4) S. 26f. – © 1984 S. Fischer Verlag GmbH, Frankfurt am Main. (1, 2) – © Insel Verlag, Frankfurt am Main. (3, 4) [Aus: *Gedichte* (1934).]

F. H.: Hyperion oder der Eremit in Griechenland. Durchges. Ausg.
Stuttgart: Reclam, 1975 [u. ö.]. (Universal-Bibliothek. Nr. 559.)
S. 8–10. (1)
F. H.: Gedichte. Ausw. und Nachw. von Konrad Nußbächer.
Stuttgart: Reclam, 1963 [u. ö.]. (Universal-Bibliothek. Nr. 6266.)
S. 46 f. (2)

H.: Ilias. Neue Übers., Nachw. und Reg. von Roland Hampe.
Stuttgart: Reclam, 1979 [u. ö.]. (Universal-Bibliothek. Nr. 249.)
S. 114. [6. Gesang.]

K. J.: Der philosophische Glaube. München: Piper, 1948. S. 51–55.
– © 1948 R. Piper & Co. Verlag, München.

J. P.: Siebenkäs. Hrsg. von Carl Pietzcker. Stuttgart: Reclam, 1983.
(Universal-Bibliothek. Nr. 274.) S. 295–301. (1)
J. P.: Sämtliche Werke. Hrsg. von Norbert Miller. Abt. 1. Bd. 6.
München: Hanser, 1963. S. 1139 f. (2) [Aus: *Selina oder über die
Unsterblichkeit der Seele*; Überschrift vom Hrsg.]

J. v. T.: Der Ackermann und der Tod. Text und Übertragung. Übertr., Anm. und Nachw. von Felix Genzmer. Bibl. von Wolfgang Mieder. Stuttgart: Reclam, 1963. Neuausg. 1984 [u. ö.]. (Universal-Bibliothek. Nr. 7666.) S. 5–15, 65.

CARL GUSTAV JUNG   (1875–1961)

C. G. J.: Erinnerungen, Träume, Gedanken. Aufgez. und hrsg. von Aniela Jaffé. Olten/Freiburg i. Br.: Walter, ¹²1982. S. 11. – © 1971 Walter-Verlag, Solothurn.

ERNST JÜNGER   (geb. 1895)

E. J.: Sämtliche Werke. Abt. 2. Bd. 9: Essays 3: Das Abenteuerliche Herz. Stuttgart: Klett, 1979. S. 280–282. – © 1979 Ernst Klett Verlag / J. G. Cotta'sche Buchhandlung Nachf., Stuttgart.

MASCHA KALÉKO   (1907–1975)

M. K.: Heute ist morgen schon gestern. Gedichte aus dem Nachlaß. Hrsg. von Gisela Zoch-Westphal. Berlin: arani-Verlag, 1980. S. 86. – © 1980 arani-Verlag, Berlin.

MARIE LUISE KASCHNITZ   (1901–1974)

M. L. K.: Gesammelte Werke in 7 Bänden. Hrsg. von Christian Böttrich und Norbert Miller. Bd. 5: Die Gedichte. Frankfurt a. M.: Insel Verlag, 1985. S. 102. – © 1985 Insel Verlag, Frankfurt am Main.

ERHART KÄSTNER   (1904–1974)

E. K.: Die Stundentrommel vom heiligen Berg Athos. Frankfurt a. M.: Insel Verlag, 1956. S. 70–77. – © 1956 Insel Verlag, Frankfurt am Main.

JOHN KEATS   (1795–1821)

Die Fähre. Englische Lyrik aus fünf Jahrhunderten. Übers. von Richard Flatter. Wien: Krieg, 1954. S. 168. – © 1954 Walter Krieg Verlag, Wien.

HEINRICH VON KLEIST   (1777–1811)

H. v. K.: Sämtliche Werke und Briefe. Hrsg. von Helmut Sembdner. 2., verm. und [...] revid. Aufl. Bd. 2. München: Hanser, 1961. S. 768 f. [Auszug aus dem Brief vom 31. August 1806.]

THEODOR KÖRNER   (1791–1813)

Deutsche Sonette. Hrsg. von Hartmut Kircher. Stuttgart: Reclam, 1979 [u. ö.]. (Universal-Bibliothek. Nr. 9934.) (1) S. 186 f. (2) S. 184.

ELISABETH LANGGÄSSER   (1899–1950)

E. L.: Gedichte. Hamburg: Claassen, 1959. S. 160 f. – © 1959 Claassen Verlag GmbH, Hamburg.

HANS LEIFHELM   (1897–1947)

H. L.: Zeuge des Traums und der Zeit. Die Gedichtzyklen »Hahnenschrei«, »Gesänge von der Erde« und »Lob der Vergänglichkeit«. Graz: Akademische Druck- und Verlagsanstalt, 1991. S. 139 f. – Mit Genehmigung von Elfi Leifhelm, Graz.

O. M.: Das zweite Leben. Späte Gedichte und Notizen. Aus dem
Russ. von Felix Philipp Ingold. München/Wien: Hanser, 1991.
S. 80. – © 1991 Carl Hanser Verlag, München und Wien.

Th. M.: Gesammelte Werke in 13 Bänden. Bd. 10: Reden und Auf-
sätze 2. Frankfurt a. M.: S. Fischer, 1974. S. 383–385. – © 1974
S. Fischer Verlag GmbH, Frankfurt am Main.

Des Kaisers Marcus Aurelius Antonius Selbstbetrachtungen.
Übers., Einl. und Anm. von Albert Wittstock. Stuttgart: Reclam,
1949 [u. ö.]. (Universal-Bibliothek. Nr. 1241.) S. 44, 53, 58, 96.
[Überschrift vom Hrsg.]

Ch. M.: Bei Lebzeiten zu singen. Gedichte. Berlin: Wagenbach,
1967. (Quarthefte. 18.) S. 44. – © 1967 Verlag Klaus Wagenbach
GmbH, Berlin.

Griechische Lyrik. In deutschen Übertragungen. Eine Ausw. mit
Anm. und Nachw. von Walter Marg. Stuttgart: Reclam, 1964
[u. ö.]. (Universal-Bibliothek. Nr. 1921.) S. 27f.

283

NELLY SACHS (1891–1970)

Schmetterling 231

N. S.: Fahrt ins Staublose. Frankfurt a. M.: Suhrkamp, 1961.
S. 148. – © 1961 Suhrkamp Verlag, Frankfurt am Main.

HANS SAHL (1902–1993)

Strophen 244

H. S.: Das Exil im Exil. Memoiren eines Moralisten II. Frankfurt a.
M.: Luchterhand, 1990. S. 220. – © 1990 Luchterhand Literaturver-
lag GmbH, Hamburg.

DER PREDIGER SALOMO

Alles Irdische ist eitel 44

Die Bibel nach der Übersetzung Martin Luthers. Mit Apokryphen.
Stuttgart: Deutsche Bibelgesellschaft, 1985. [Kap. 1 und 3.]

FRIEDRICH SCHILLER (1759–1805)

(1) Nänie 146
(2) In das Fremdenbuch von Schwarzburg-Paulinzella . . . 147

F. Sch.: Gedichte. Eine Auswahl. Hrsg. und mit einer Einl. vers.
von Gerhard Fricke. Durchges. Ausg. Stuttgart: Reclam, 1980.
(Universal-Bibliothek. Nr. 7714.) S. 113 f. (1) F. Sch.: Werke. Na-
tionalausgabe. Bd. 2/1: Gedichte. Hrsg. von Norbert Oellers. Wei-
mar: Böhlau, 1983. S. 467. (2) [Das Gedicht steht hier unter der Ab-
teilung »Zweifelhaftes und Unechtes« und ist mit großer Wahr-
scheinlichkeit nicht von Schiller.]

DAVID SCHIRMER (1623–1687)

An die sterne wegen Barnien 123

Deutsche Sonette. Hrsg. von Hartmut Kircher. Stuttgart: Reclam,
1979 [u. ö.]. (Universal-Bibliothek. Nr. 9934.) S. 83.

288

WALTHER VON DER VOGELWEIDE   (um 1170 – um 1230)

O weh, wohin entschwand mir Jahr, und Jahr um Jahr!
[Nachdichtung von P. Hase]   59

W. v. d. V.: Gedichte. Mhd. Text und Übertragung. Ausgew.,
übers. und mit einem Komm. vers. von Peter Wapnewski. Frankfurt
a. M.: Fischer Taschenbuch Verlag, 1962. S. 284 f. – © 1962 Fischer
Taschenbuch Verlag GmbH, Frankfurt am Main.

GEORG RUDOLF WECKHERLIN   (1584–1653)

Die Lieb ist Leben vnd Tod   108

G. R. W.: Gedichte. Ausgew. und hrsg. von Christian Wagen-
knecht. Stuttgart: Reclam, 1972. (Universal-Bibliothek. Nr. 9358.)
S. 205.

FRANZ WERFEL   (1890–1945)

Fremde sind wir auf der Erde alle   229

F. W.: Gesammelte Werke. [Bd.:] Das lyrische Werk. Hrsg. von
Adolf D. Klarmann. Frankfurt a. M.: S. Fischer, 1967. S. 170. –
© 1967 S. Fischer Verlag GmbH, Frankfurt am Main.

WILLIAM BUTLER YEATS   (1865–1939)

(1) Segeln nach Byzanz [Prosaversion von Willi Erzgräber]   190
(2) Lapislazuli [Prosaversion von Willi Erzgräber]   191

Moderne englische Lyrik. Engl./Dt. Ausgew., komm. und hrsg.
von Willi Erzgräber und Ute Knoedgen. Einl. von W. E. 2., durch-
ges. und erw. Aufl. Stuttgart: Reclam, 1984. (Universal-Bibliothek.
Nr. 9826.) (1) S. 109–111. (2) S. 111–115.

STEFAN ZWEIG   (1881–1942)

Die frühen Kränze   213

S. Z.: Silberne Saiten. Gedichte und Nachdichtungen. Hrsg. und
eingel. von Richard Friedenthal. Frankfurt a. M.: S. Fischer, 1966.
S. 49 f. – © 1966 S. Fischer Verlag GmbH, Frankfurt am Main.

Reclam
LESEBUCH

Heiteres Darüberstehen
Geschichten und Gedichte zum Vergnügen

Liebe, Liebe, Liebe
Geschichten, Gedichte und Gedanken

Die vier Jahreszeiten
Gedichte

Goethe-Brevier

Fontane-Brevier

Nietzsche-Brevier

Reclams Märchenbuch

Blumen auf den Weg gestreut
Gedichte

Adieu Alltag!
Feriengeschichten

Die Wundertüte
Alte und neue Gedichte für Kinder

Der Zauberkasten
Alte und neue Geschichten für Kinder

Das Nonsens-Buch

Poetische Scherzartikel

Trinkpoesie
Gedichte aus aller Welt

Arthur Conan Doyle:
Die Abenteuer des Sherlock Holmes

Casanova:
Aus meinem Leben

Geschichten aus Rußland

Gespenster-Geschichten

Die Weisheit der Heiligen
Ein Brevier

Chinesische Weisheit

Reclams Weihnachtsbuch
Erzählungen, Lieder, Gedichte, Briefe,
Betrachtungen

Lob der Vergänglichkeit
Gedichte, Geschichten, Gedanken

Philipp Reclam jun.
Stuttgart